当代浙江学术文库
DANGDAI ZHEJIANG XUESHU WENKU
浙江省社科联省级社会科学学术著作出版资金资助出版（编号：2016CBQ06）

社会资本与转型发展

——浙江实践的理论与经验

张伟明 著

浙江工商大学出版社
ZHEJIANG GONGSHANG UNIVERSITY PRESS

图书在版编目(CIP)数据

社会资本与转型发展：浙江实践的理论与经验／张伟明著. — 杭州：浙江工商大学出版社，2016.9
ISBN 978-7-5178-1833-5

Ⅰ.①社… Ⅱ.①张… Ⅲ.①社会资本－关系－转型经济－区域经济发展－研究－浙江 Ⅳ.①F127.55

中国版本图书馆 CIP 数据核字(2016)第 215343 号

社会资本与转型发展
——浙江实践的理论与经验
张伟明 著

出 品 人 鲍观明
策划编辑 任晓燕
责任编辑 沈明珠 任晓燕
封面设计 蔡 庆
责任校对 金菲菲
责任印制 包建辉
出版发行 浙江工商大学出版社
(杭州市教工路 198 号 邮政编码 310012)
(E-mail:zjgsupress@163.com)
(网址:http://www.zjgsupress.com)
电话:0571-88904980,88831806(传真)
排 版 杭州朝曦图文设计有限公司
印 刷 浙江云广印业股份有限公司
开 本 710mm×1000mm 1/16
印 张 11
字 数 189 千
版 印 次 2016 年 9 月第 1 版 2016 年 9 月第 1 次印刷
书 号 ISBN 978-7-5178-1833-5
定 价 38.00 元

浙江工商大学出版社营销部邮购电话 0571-88904970

前　言

现阶段，在经济发展进入新常态后，始于改革开放的经济高速增长逐步转入到中高速增长的新时期。回顾改革开放以来的成就，可以清晰地看到我国所发生的重要转变：从传统农业大国向现代化工业国家转变；从计划经济向市场经济转变；从相对封闭发展向全球化开放式发展转变。这些都给中国的经济社会发展面貌带来了全新的变化。然而，在党中央深入推进"四个全面"战略布局的新形势下，深刻认识30多年经济高速增长背后的"奥秘"，理解和把握当前及未来转型发展的动力机制，对重新激发我国经济社会发展的活力具有十分重要的理论意义和现实意义。农村作为我国全面实现现代化道路上的重要组成部分，尤其值得引起高度的关注。事实上，我国的发展历程已充分表明，农村作为改革发展的重要起始点和主阵地，其发展历程恰好可以视作我国经济发展、政治进步与社会转型的一个缩影。认识乡村、理解乡村和解读乡村，对深刻把握我国改革开放30多年来取得的巨大成就背后的内在动力与本质特征具有十分重要的借鉴意义。本书从"社会资本"的核心概念切入，以乡村社会为基本的分析起点，结合浙江省经济社会发展的具体实践，通过对社会资本相关理论和经验的阐释，来尝试性解析浙江省改革开放30多年经济高速发展背后的"故事"，试图在一定程度上补充、印证和丰富社会资本的相关概念及其理论。

社会资本理论相比经典的经济学、社会学理论而言，略显得"年轻"。自20世纪80年代学界正式提出社会资本（Social Capital）概念以来，有关社会资本理论的研究就一直处于不断摸索与推进的过程中。进入20世纪90年代后，社会资本理论才逐步成为学界关注的前沿和热点问题。众多学者开始纷纷从社会学、政治学等学科角度展开关于社会资本的系统性研究，围绕特定时期的经济增长和社会发展给出了新视角的解释。社会资本理论甚至被一些西方国家的学者或者智囊团视作是打开社会矛盾之门的新思路，即所谓的"第三条道路"。然而，虽然有关社会资本的研究范式已深入经济学的多个领域，也得到了众多经济学学者们的青睐，但这些都无法消弭学界对社会资本在概念界定、度量方法等方面存在的争议。本书立足现有国内外文献，结合我国的人文历史传统与所处特定发展阶段的特征，认为在传统中国转向现代中国的某段过程中，社会资本充当和发挥着三重机制，即：产权保护与市场交易的替代机制、机会获取与信息发布的替代机制以及集体行动与内部治理的支撑机制。并将这三重机制所产生的功用界定为制度效应、资源效应与组织效应这三重效应。在理论探讨层面上，本书从降低交易成本、消除产权不确定性以及实现交易内部化等角度来透视社会资本的“制度效应”，从职业选择、创业资源获取以及要素流动等角度来透视社会资本的“资源效应”，从公共物品提供、集体行动以及内部治理等角度来透视社会资本的“组织效应”。从某种意义上说，正是因为有了社会资本所蕴含的三重机制以及由此发挥的三重效应，才可以局部解开我国在制度建设相对滞后的约束条件下实现经济社会快速发展的谜团。

然而，本书并非采用“宏大叙事”的方式来阐释社会资本的三大机制与三重效应，而是将研究的视角聚焦于相对微观的乡村层面。首先，本书围绕农村工业化的主题，对乡村非农产业成长和扩张的内在机理进行了理论分析，为理解我国自改革开放后以农村工业化为起点的市场化、城镇化与国家工业提供了有益的视角。其次，本书通过对乡村创业、要素流动以及由此带来的市场效应的分析研究，为完善我国目前的创业就业政策与市场激励机制，以及完善就业创业的措施保障提供了有效的指导。最后，本书还聚焦乡村社会治理，以乡村选举为切入点，对当前乡村治理结构与下一步推进乡村及整个社会的良性治理提供了可供思量的参考，尤其是村庄层面非正式组织或制度嵌入正式组织和制度的治理模式，为我国探索有效的社会治理提供了模式上的借鉴。在研究过程中，本书调查提取了浙江省中部某县200个左右村庄传统组织与社会结构的相关统计数据，并结合村庄层面的农经统计资料，实证分析了以人均收入水平为特征的村庄治理绩效以及村支书、村主任的社会身份为代表的村庄内部治理结构，也实证考察了村域社会资本与村民创业之间的关系等问题，为直观理解社会资本与发展之间的相互关系提供了有益的佐证。

当然，任何一种理论的解释力都有局限性，社会资本理论也不例外。本书自始至终秉持以下基本观点，即：相对于社会资本在经济社会发展中所发挥的实质功能而言，社会资本概念本身的引入与普及为我们理解过去、现在及未来经济社会发展所提供的理论上的视角，显得更具意义。事实上，在市场经济发展的大趋势下，传统的非市场化的历史、文化、道德、习俗等因素还在不断影响并塑造着人们的行为选择，甚至影响着包括制度变迁与经济绩效等经典经济学理论热衷于研究和探讨的热门话题。市场经济是制度的集合体，它对制度的需求不仅仅包括来自政府制定的正式制度，还包括来自蕴含于社会有机体中的非正式制度，而社会资本恰可视作是其中一种非正式制度。在加快转型发展的当下，只有实现政府所提供的正式制度或组织与社会所提供的非正式制度或组织的有机融合，并共同形成制度的供给方，确保市场经济运行过程中制度供给与制度需求的有效均衡，经济才能实现平稳、快速、可持续发展。

目　录

第一章 绪 论

第一节 研究问题

一个国家的转型发展，漫长而又艰难，其中因素纷繁复杂，不是单一的学科所能阐释殆尽的。自晚清以来，中国这个泱泱大国就一直处在变革与转型的历史进程中。众多先贤志士皆为中华民族的伟大复兴而奔走呼号、殚精竭虑，在国际交流日益频繁、全球贸易兴起的新世界格局中寻求图强之策，不停地探索适合本国国情的现代化道路，力争屹立于世界民族之林。在此过程中，华夏大地于历史的大变革中风云激荡，在固有的政治经济文化框架内增添了诸多“新”元素，从而为现代中国的崛起沉淀了丰厚的历史经验。

虽然前进的轨迹曲折蜿蜒，但中国历史这趟列车始终未曾止步，相反却是且行且望，一路匍匐前行。尤其是进入改革开放的新时代以后，我国的经济发展驶上了快车道，GDP 以年均近 10%的增速一路向前，于 2010 年超越日本，跃居世界第二大经济体，仅次于超级大国——美国。根据美国得克萨斯州奥斯汀“全球语言监测”(The Global Language Monitor)的媒体分析机构在 2009 年年底发布的全球媒体(包括平面和网络媒体)的调查统计报告，在过去的 10 年里，中国崛起为一个经济大国，成为全球阅读量最大的新闻，远远超过了伊拉克战争、“9·11”恐怖袭击等热门新闻。在总结分析原因时，我国成功实现从计划经济向市场经济、从封闭(半封闭)型经济向开放型经济的双重转变是其中关键，而被日益激发的市场潜力、民间活力及不断提升的政府服务能力则是重要补充。

然而，我国在取得举世瞩目成就的同时，也引来了一系列关于中国发展的疑问和困惑，诸如中国改革开放后经济为何能如此高速发展，其动力何在，关键制度是什么等问题，激起了海内外学者的广泛讨论。其中，以艾伦提出的“中国之谜”(Puzzle of China)尤为引人关注,即:中国的法律保护薄弱、金融体系落后、制度建设滞后等现象普遍存在,但其经济增长却相当强劲,这似乎与 LLSV[①] 的法律与经济发展理论相悖。有学者指出对高度集中的经济体制进行改革,包括实行家庭联产承包责任制、国有企业的放权让利、放开部分产品与要素的价格控制、对外实行多层面开放等举措,是我国取得巨大经济成就的主要动因。也有学者认为中国发展的奇迹主要是得益于体制转换、全球化、人口结构、后发展以及县际政府间竞争发展模式这五大红利。另外,还有学者更是提出了“北京共识”[②],来总结描述中国独特的发展路径。可以说,探究中国发展奇迹出现背后的原因,寻找中国奇迹发生背后的动力和机制,分析和预测这一奇迹的未来变化趋势,已然成为当代众多学者所面临的一个重要而又困难的世纪课题。

相比已进入现代化的快速道的现状而言,古老的中国还具有为人所熟悉的另一面,即:一直以来,我国是一个传统的农业大国,有数千年的农耕文明史,农耕文化极其发达,在相当长的历史时期内处于农业主导的经济发展模式及相应的政治社会架构之中,衍生出了极具本土特色的农业文明和制度体系。正如梁漱溟、费孝通等人所论述的,我们的社会是一个伦理社会、熟悉社会或差序格局的社会,仍然以其深厚的文化底蕴在稳定地延续着。[③] 近代以来,中国经历了“五四”新文化运动、新民主主义革命等实现民族振兴的艰苦探索历程,最终于 1949 年成立新中国,实现了国家主权独立和民族统一,为实现中华民族伟大复兴的中国梦开启了全新的篇章。之后,中国进入了探索以社会主义改造为起点、以国有企业推动工业化发展道路的新时期。然而,高度集中的计划经济和大一统的国有经济体制由于无法根本解决激励扭曲问题,所以难以有效激发全民族的发展活力,导致资源配置效率极其低下,走了很多弯路。直到 1978 年,党的十一届三中全会胜利召开,做出了实行改革开放的历史性决策,引领中国的政治经济发

---

① 20 世纪 90 年代中后期,拉波塔、洛配兹·西拉内斯、安德烈·施莱弗和罗伯特·维什尼四位学者,通过整理多国的政治、法律、宗教、文化和经济等方方面面的量化数据,第一次明确将法律因素引入到解释金融发展和经济增长的具体研究中,并一起署名发表文章,学界简称 LLSV 组合。

② 雷默指出,“北京共识”具有艰苦努力、主动创新和大胆实验(如设立经济特区),坚决捍卫国家主权和利益(以及循序渐进,如“摸着石头过河”),积聚能量和具有不对称力量的工具等特点。它不仅关注经济发展,同样注重社会变化,也涉及政治、生活质量和全球力量平衡等诸多方面,体现了一种寻求公正与高质量增长的发展思路。

③ 有学者指出,中国社会是一个经过以儒教为核心的传统文化的长期教化而形成的注重人际关系、社会关系亦即伦理关系的社会,是一个把团体制度、普遍原则、客观对象都置于社会关系或伦理关系之中加以理解和对待的社会。

展进入了一个全新的时代。此后，改革开放及市场经济体制的逐步确立，推动我国进入工业化、城镇化快速发展的快车道，经济社会发展不断焕发出勃勃生机。从原先计划经济体系中走出来，逐步构建和完善顺应市场经济发展的制度体系，走“在转型中发展和在发展中转型”的中国特色发展道路，是这一轮经济发展的最核心特征。

目前，我国作为世界上最大的转型经济体之一，一方面，经济发展呈现出了新常态的特征，经济发展由高速增长向中高速甚至中速转变；另一方面，我国也进入信息化、工业化、城镇化与农业现代化“四化同步”发展的重要时期和系统布局实施“四个全面”战略的重要阶段。如何在大转型背景下理解和分析我国经济发展所取得的奇迹，探索和阐释转型经济发展背后的动力机制，进一步理解和把握转型经济发展的客观规律，对推进经济发展所需要的制度环境建设，确保我国经济实现长期持续稳定发展，加快建成全面小康社会具有十分重要的理论意义、现实意义和历史意义。

围绕改革开放30多年来中国经济社会的发展实践，有太多的成就、原因、经验、教训可以总结回顾。然而，在庞杂的发展洪流中可以明显地发现，除了生产要素从原先的计划经济体制束缚中解放出来并不断发挥出极具经济效益的生产力外，持续推进的制度变革和由此带来的制度变迁也是获得重大经济成就的重要保障，其中包括知识产权、法律体系、行政审批、市场法则等在内的正式制度的逐步完善，更是为经济社会的发展提供了良好的制度环境。优良的制度环境既包含风清气正的政治环境，也包括高效严明的法律环境，更包含安全稳定的社会环境，而政治秩序和法律规章等正式制度作用的发挥离不开礼俗、习惯等各类非正式制度的补充或支撑。众多的理论和实践已不断表明，在漫长的历史长河中传承下来又留存于民间社会的具有约束性质的各类非正式制度在促进经济社会的进步发展方面同样发挥了不可忽视的重要作用。

目前，诸多学术研究的关注点在于产权制度不完善的情况下，中国的国民经济何以能在改革开放后短短的30年内得到如此迅速的发展。究其原因，一方面，固然与政府积极有为的市场化政策、逐步完善优化的制度体系在激发市场活力、规范市场秩序、维护有效运行方面的作用不断增大密切相关；另一方面，除去正式制度的影响作用外，中国社会固有的传统理念、行为方式、信用精神等社会力量在正式制度供给相对于经济发展节奏滞后和短缺的条件下，为经济社会的复兴与持续发展提供了强大的支撑作用。正如有学者所指出的，社会网络、宗族、亲缘血缘等能够自我实施的乡村社会非正式制度在乡镇企业迅速崛起和发展过程中发挥了出色的作用，且这些带有中国传统色彩的因素，作为一种非正式制度，随着经济社会条件的变迁也在发生相应的变迁。那么，从这个层面上看，理解正式制度之外的其他力量对经济社会发展的影响及其发挥作用的机制机理，显然也是解读转型中国发展奇迹一个非常重要的理论研究主题。

早在多年前，郭少新与何练成两位学者在回顾经典经济学经济增长理论的基础上，就把社会资本视作是"解释经济增长的一种新思路"[①]。而事实上，自20世纪80年代初布尔迪厄首次提出社会资本这一概念，并将其引入社会科学研究领域以后，其内涵不断得到诸多社会学家的接受认同和补充完善，且针对社会资本相关理论和实证研究的成果也不断涌现。一时间，社会资本理论成为解读经济社会现象的一种新范式（Paradigm）。本书分析的基本逻辑起点，是承认社会资本为理解和解读转型背景下我国经济的长期快速增长提供了崭新的视野，也为古典经济增长理论提供了厚实的理论补充，尤其是在考察我国基层社会发展时，如在解读浙江以农村工业化推动城市化、工业化的发展模式和大量专业村、专业镇的块状经济发展时，社会资本概念的引入，更是为我们提供了新颖而又契合的切入点。本书在基本理论梳理的基础上，分析提炼了转型发展背景下的社会资本赖以发挥作用的三重机制和由此产生的三重效应，并将研究的视角聚焦于乡村。之所以选取乡村作为待以解剖的"麻雀"，源于对中国社会与乡村社会同构的考虑。事实上，在中国文化产生和发展的过程中，农业文化是基础，其聚族而居、精耕细作的农业文明孕育了内敛式自给自足的生活方式、文化传统、农政思想以及乡村管理制度等，决定了汉民族的生存方式，塑造了汉民族文化的自身性格。

因此，本书尝试性地从村庄的传统结构入手，把嵌入到乡村经济社会发展中的传统微观结构，如姓氏结构、宗房组织、血缘关系等作为乡村社会资本的一种度量，以这些变量的强弱大小来间接测度村域社会资本，并在此基础上来分析社会资本和乡村社会治理、产业兴起与扩张、村级层面企业家成长等之间的关系。此外，党的十八大提出了推进文化建设的战略决定，使得在信息化、工业化、城镇化深入发展中同步推进农业现代化的具体进程中，正确认识和处理乡村社会的传统社会结构或文化成为一个极其具有时代意义的话题，更为回顾总结转型发展大背景下乡村经济社会发展的具体历史演变过程提供了新的视角。同时，从社会资本视角切入，深入认识和客观评价乡村工业发展过程中的具体机制和机理，不仅仅是对乡村经

① 郭少新、何练成：《社会资本：解释经济增长的一种新思路》，《财贸经济》2004年第2期。

济发展动力的重新认定，更是为进一步推进与我国市场经济发展相适应的制度体系建设提供了强有力的参考和借鉴。

可以说，转型构成当下中国最重要的议题，是我国目前发展最显著的特征，也是实现未来长期可持续发展必不可少的阶段准备，值得引起广泛的讨论和深入的研究。本书正是基于转型发展这一大语境，从中选取乡村这一相对微观的主体作为考察和研究对象，试图以“解剖麻雀”的方式，以点见面、以小见大，尝试性剖析社会资本在转型发展期中的具体作用机制和实现路径，从而为如何深刻把握我国经济社会发展的特有规律提供多元视角上的补充。此外，社会资本作为一个国家或地区传统元素的凝练，对于推进社会建设和文化建设，提升治理能力，丰富国家未来发展的战略思路具有十分重要的借鉴意义。

第二节　研究方法

本书主要采用了以下几种研究方法。

一、文献回归法

本书的分析研究主要基于前人学者的理论成果，通过罗列整理大量有关社会资本概念和度量方法的文献资料，为聚焦本书研究主题提供了基本素材和理论支撑。同时，本文在关于社会资本经典概念界定的基础上，对特定的经济社会现象展开分析。

二、田野调查法

笔者围绕本书研究的主题，针对县域范围内的村庄进行了问卷设计，并深入开展了抽样调查与现场访谈，在结合数据整理和调研发现的基础上，进行了学理性分析。可以说，本书的主体内容、理论与实证分析都是基于田野调查的启发。在全文分析的背后也暗含着田野调查过程中对所搜集起来的诸多经济社会现象的解析与理论提炼。

三、理论模型法

本书所开展的田野调查和实地访谈都是在现有经济学理论的指导下完成的，充分吸收和借鉴了经典经济学理论的假设与推论方式，就乡村产业的成长与扩展及要素流动的机制与机理进行了理论模型的构建与分析，并进一步以理论模型的分析结果来对比印证调查过程中的诸多直观看法，从而达成理论与实践的耦合。

四、计量分析法

本书利用行政村层面的农业经济统计数据与问卷调研数据，运用统计分析和相关的计量模型定量化地刻画了作为社会资本的微观组织特征及结构等指标，借鉴社会学相关理论来解释和分析了乡村社会经济发展过程中社会性因素的作用，尤其是在社会资本因素与经济发展相关指标回归分析的基础上描述了乡村经济发展的潜质。

五、跨学科交叉研究

本书在立足基本经济学分析范式的基础上，结合应用经济学、管理学、社会学和人类学等多个学科的研究方法，在相互借鉴的基础上，从多个视角切入，对相关问题进行了理论性和规范性的分析，多层面地揭示了微观社会组织结构嵌入与乡村政治经济社会发展具体历程中的机制机理和具体实现路径。

六、规范分析

乡村社会经济的发展是一个集经济、社会、政治等动因于一体的系统工程，并非某单一学科能够解释。本书试图从社会经济学的视角入手，在实证分析的基础上，规划性地归纳和总结嵌入到乡村经济社会有机体中的具体架构性因素，并对其进行一定的拓展，以获得具有可借鉴性的结论，为公共政策的制定提供具有延续性和前瞻性的依据。

第三节 研究内容

在具体的文章布局中，本书从社会资本的界定出发，将社会资本的研究纳入转型发展这一大语境之中，同时也将研究的着眼点限定于乡村社会，就其与非正式制度、基层民主、基层社会治理以及经济发展等方面展开理论分析与实证检验。文章总体上按照理论先导的原则予以合理安排，并采用理论分析和实证分析相结合的方法，逐步、逐方面地就社会资本与转型发展的数个主题展开了论述和分析。具体来说，分成七章。

第一章为绪论，该部分详细交代了本书研究的背景和意义，提出了研究的主题，设定了本书研究的具体思路和所采用的理论方法，并详细交代了本书研究的重点难点以及有可能带来的理论意义，最后则简单介绍了本书的研究结论和可能的创新点。

第二章为文献综述，该部分分别就本书的基本研究概念——社会资本的界定及其变量的测度方法予以了详细论述，并着重就与本书联系紧密的诸多理论文献予以了特别阐述，分别从社会资本与社会治理、产业兴起等方面进行了简要的理论回顾，并在此基础上给出了本书关于社会资本的定义和特性描述。

第三章是本书的主体章节之一，该部分主要在回顾社会资本相关文献的基础上，围绕社会资本在转型发展背景下的三重机制和三重效应展开了理论层面的分析，指出转型发展背景下的社会资本是产权保护与市场交易的替代机制、机会获取与信息发布的替代机制以及集体行动与内部治理的支撑机制，并就此三重机制所带来的三重效应，即制度效应、资源效应以及组织效应，予以了适当阐述。

第四章内容围绕浙江省经济的发展成就展开，在简要回顾浙江省经济演变过程的基础上，对支撑浙江省从资源小省向经济大省转变的强大支撑——产业集群，进行了详细描述。同时，本章节还通过理论分析方式，尝试从微观角度研究了块状经济的起源与发展。具体来说，就是阐述了块状经济从一点到多点，从多点到面的逐级扩展过程。指出正确分析和理解"从家庭到市场""从村庄到集镇"的外向拓展过程，是我们打开理解浙江省特色产业集群之谜的一把钥匙，也必将为研究经济增长特别是中国经济的发展提供一个具有中国本土特色的新解释。本书认为基于血缘、宗族关系的社会网络作为一种社会资本具有稀缺性，即在特定地理空间位置的社会网络具有特定的容量，对社会网络资源的使用超过这个容量则必然向市场或者网络外进行延伸。这就在保证网络内发展顺畅、结构稳定的同时使网络外的市场扩散得以开展。

第五章则将研究的视角转到村庄层面的创业和劳动力流动，尝试从更加微观的层面对社会网络在劳动力流动和创业中所可能产生的机制机理做了进一步的挖掘和分析，作为对第四章内容的补充。同时，本部分内容也把劳动力流动同创业联系起来，指出村级层面创业网络的形成同基于网络效应的劳动力流动其实存在着一种共生关系，并通过理论模型的分析，指出了基于社会网络效应的劳动力流动对本地劳动力市场的影响。

第六章则从社会资本与社会治理的角度展开分析，认为在村域范围内，作为正式制度安排的村两委背后镶嵌着的是非正式规范或组织，将村庄层面的宗房结构、老年会等作为村域社会资本的某种表现形式，由此来考察嵌入现代村庄政治结构背后的传统社会力量，并分析这类社会资本影响村庄决策的路径和机制。本书同时还从非正式制度的角度入手，就非正式制度和正式制度的互动关系以及在社会治理中的现实表现进行了理论分析，并在实现社会资本与社会治理有效度量的基础上，实证分析了社会资本与社会治理诸相关变量之间的客观联系。

第七章则是本书的主要结论和研究展望，并在前文研究基础上就目前社会资本的培育提出了概括性的政策性建议。同时，结合社会资本研究的现状和未来趋势的预期，提出了下一步研究的计划。

第四节　研究难点

除了社会资本理论本身尚不成体系所带来的研究困扰之外，当前我国特有的经济社会发展不平衡、区域之间城乡之间发展不平衡等都对研究的一致性带来了较大的挑战。一个不可忽视的事实是，社会建设长期滞后于经济建设所带来的后果将是十分严重的，经济上的城乡二元分割在很大程度上会延伸到社会领域，从而带来城乡居民之间、不同社会群体之间的二元分割甚至对立，当前社会保障体系不健全、民生问题日益凸显、社会组织发展程度较低等缺陷，都严重影响了城乡原有社会资本的保留和新兴社会资本的积累，这无疑会严重削弱我国新常态背景下支撑经济社会转型发展的基础性力量。按照费孝通先生在《乡土中国》中所指出的：中国社会一直以来都是差序格局下的“熟人社会”，其内核始终是以血缘或亲缘关系为组带，很大程度上有别于“陌生人社会”[①]。本书认为，转型背景下城乡间的不平衡发展促使城乡间人口出现频繁的跨区域流动，严重冲击了原有的社会组织和社会结构，人们的互信程度受到极大的影响，而新的社会结构、社会组织以及相应的可以达成的共同意识又难以在短时间内建立。尤其是陌生人社会中的人群没有建立起社会所必需的社会联结，加上社会组织培育与发展的缓慢性，使得我们的乡村社会正在逐步走向瓦解，而城市社会固有的涣散性，使得我国乡村社会的建设与城市社会的建设都面临众多的困难和挑战。

此外，户籍制度、公共福利不平等等制度性分割因素的存在，使得社会二元分割程度更是走高和难以消除。城乡间、区域间、城市内部的社会流动性较低，这都在某种程度上导致了社会凝聚力、社会信任感等表征社会内部结构稳定性程度的指标急剧下降，使得传统社会资本存量由于经济社会发展的日益复杂化和不均衡程度的加深而严重受损。基于上述问题的存在，认识和正确把握社会资本在不同社会时期内的变迁情况，进而为社会建设事业积累良好的理论素材就变得十分有意义。总体而言，本书在转型发展的语境中展开理论与实证分析，并选取了能体现本书研究主题的几个维度进行了深入的论述。此外，基于田野调查的理论和实证分析也是本书研究的重点。文章通过抽样调查和乡村农经统计数据的搜集，对嵌入乡村社会的传统社会结构做出相对可测度化的分析，并以此为实证分析的基础，具体阐释了社会资本与经济发展、乡村选举以及社会治理等方面的具体机制机理和实现路径，并最终为深入认识转型经济体在具体转型发展过程中传统力量（传统社会资本）与现实发展（如乡村社会治理、村庄选举等）之间的互动关系提供了一个有益的理论视角，并从政策建议层面上提供了具有建设性的借鉴和参照。

本书的研究难点在于社会资本概念本身的模糊性和度量的争议性，以及由此可能带来的对整体分析结论的质疑。针对这一问题，本书的研究也始终没有避开之前诸多研究所走过的相似轨迹，在遵循原有社会资本概念体系的框架下，对概念的使用也会因具体研究主题的差异而有所取舍。同时，在研究的过程中，本书交叉使用了微观社会组织和社会网络等作为社

---

① 美国知名法学家劳伦斯·弗里德曼在1965年出版的《美国法简史》中这样描述“陌生人社会”：“当我们走在大街上，陌生人保护我们，如警察；或威胁我们，如罪犯。陌生人扑灭我们的火灾，陌生人教育我们的孩子，建筑我们的房子……我们的生命便掌握在陌生人手中。如果我们得病住院，陌生人切开我们的身体、清洗我们、护理我们、杀死我们或治愈我们。如果我们死了，陌生人将我们埋葬。”

会资本的主要表现，而如此概念上的不统一必然会带来理论层面的质疑，并对文章研究的逻辑统一性造成影响。此外，本书还利用田野调查数据，从村域范围（以行政村为单位）内传统社会组织、姓氏构成、宗房结构、村民参与诸项传统或现代的公共活动等方面来间接度量社会资本的大小。这也只是一种理论上的初步尝试，并不能构成定论。本书选取的这些度量在某种程度上能够比较直观地反映乡村社会资本及传统社会力量的强弱，但其科学性和学科专属性还有待讨论和商榷。本书为保障研究的科学性和统计意义上的显著性，在数据收集上，以浙中某县406个行政村中的200多个行政村为样本，通过问卷设计、村两委成员访问、个别村民访谈等方式，将相关数据提取出来以助于本书的主题分析，但是对于这些微观数据的代表性和外推有效性，也还值得推敲和确定，且村域层面上的理论与实证分析跟本书设定的转型发展大语境之间是否能够有效贯穿也将是一个具有争议性的问题。此外，关于传统社会因子与乡村经济社会发展关联性的核心理论提炼和总结，还有待进一步强化，尤其是当文化因素纳入经济社会分析范畴时，更需要将经济学的理论加以合理的拓展与应用，这也是本书研究所遇到的主要困难。

第五节　可能创新点

社会资本相关主题的研究与讨论是一个充满挑战的难题。本书以转型发展为展开论述的大背景，整体上以社会资本为基本的理论分析范式，在文献回顾和梳理的基础上，总结提炼了社会资本与经济社会互动的三重机制和效应，进而就乡村层面上社会资本的理论与经验进行了系统而深入的分析，即分别从乡村社会的产业成长、村民创业、乡村选举与治理和要素流动等视角进行了探索和研究。这将对社会资本理论框架的拓展和应用产生一定的支撑作用。

虽然，目前学术界就社会资本问题的研究还处于争议阶段，且以社会资本为研究经济社会现象的基本工具时，也尚缺乏系统的理论与经验支撑，但是作为一种尝试，本人认为社会资本研究还存在以下几个方面的创新点。

一、从理论抽象上

本书在文献回顾的基础上,从社会资本的诸多属性中抽绎出了产权保护与市场交易的替代机制、机会获取与信息发布的替代机制以及集体行动与内部治理的支撑机制这三重机制,并结合具体的研究内容就这三重机制所带来三重效应,即制度效应、资源效应和组织效应,展开了细致的论述和分析,并初步尝试了从同一研究主题的不同侧面来印证和分析社会资本的三重机制与三重效应,为往后从社会资本视角研究政治经济社会提供了有力的理论参照,具有一定的创新性。

二、在社会资本的度量上

本书虽然遵循了以往关于社会资本的一般定义,并参照了以往关于社会资本的度量方法。但是,本书实现了对社会资本这一目前还具有相当争议性的指标在村域范围内的测度,即以嵌入乡村社会有机体中的传统社会微观结构以及这个结构的复杂性和多样性作为测度村域社会资本强弱的一种度量方法。可以说,这是一次区别于家庭层面的微观社会资本而实现的对村域层面相对中观或宏观的社会资本进行度量的有效尝试。本书正是在实现这一基本测度的基础上,观测分析了社会资本对乡村经济尤其是特色专业村的形成和演化的具体作用机理。这一初步的尝试性分析,为以后从社会组织或社会结构角度探讨和分析社会资本的理论与应用提供了一个较好的视角。实现村域社会资本分析的具体数量化,为今后社会资本在经济领域的分析提供必要的参考,可以说是本书的一个重要特点。本书对未来社会资本相关主题的分析做出了一定的贡献。

三、在乡村治理上

本书通过理论分析和计量回归,对传统力量在现代社会发展中的嵌入关系有一个更为深刻的认识和理解,并通过基层选举这一最重要的基层政治活动将村域社会资本与乡村社会治理的逻辑链条贯穿起来。从政治活动的社会基础来研究和探讨社会治理,对于创新社会管理具有相对重要的借鉴意义。此外,本书还从嵌入乡村选举的角度来理解乡村社会治理,一方面有利于全面客观地把握乡村选举背后的影响因素,为实现基层社会有效治理提供重要参照，另一方面也为检验传统社会资本是否在现代社会条件下失去影响作用提供了理论视角上的支撑，有利于在认识传统力量与现代社会之间互动的基础上，全面把握我国发展的特色。

四、在研究方法上

本书从转型社会的大背景出发，通过田野调查，对乡村经济政治发展背后的社会基础予以了更加客观的认识和评价，为实现社会和谐与经济发展的协同并进提供了理论基础和现实参照。此外，本书采用结构主义、比较研究、计量研究和跨学科交叉研究等相结合的方法，在整体结构分析基础上，结合中国经济社会历史发展的阶段性特征，从定性和定量两个方面，基于不同学科研究视角相互交叉融合的角度，对社会资本与基层发展之间的机制机理、方式方法进行了系统研究，具有一定的创新性。

第二章　社会资本:新范式与新争论

收入是一连串的事件。

——艾奇沃斯

今天欠发达国家所处的增长际遇,在很多方面与现在发达国家当初步入现代化增长轨道时迥然不同。

——西蒙·库兹涅茨

不论是在家庭内部,还是在外部的社会交往中,还是在事业活动中,支配结构的绝大部分是由行事准则、行为规范以及惯例来界定。正式规则虽然是非正式约束的基础,但在日常互动中,它们却极少是形成选择的明确而直接的来源。

——道格拉斯·C.诺思

主流经济学理论基本上将经济行为分析建立在"原子化"个体的基础上,认为他们在理性原则的指引下,基于财富、制度、技术等约束条件,以实现个人效用最大化为目标。一方面,这一分析范式为多数的经济社会现象提供了强有力的解释。但另一方面也可以看到,在深入挖掘经济发展的动力系统时,经济活动参与主体之间的交往互动、行为准则、合作态度以及价值观念等也在一国或一地区的经济发展中发挥着十分重要的作用,即便在很大程度上对这一作用的内部激励进行学理分析显得困难而又复杂。事实上,转型国家实现快速发展所面临的约束条件远比经典经济学教科书里面所教导的要复杂。我国作为当前世界上第二大经济体,正处于工业化、城镇化快速协调推进的关键时期,经济发展由高速向中高速转变的新常态,促使未来相当长的时期内经济政治社会转型成为突出的主题。如何选择转型路径,为转型发展设定基本的前进方向是实现经济社会成功转型的必要条件,而其中理解与把握转型的起点和现状则是推进顺利转型的基础。

一直以来，我国是一个传统的农业大国，在相当长的时间内经济社会发展的步伐相当缓慢。按照经济史学家麦迪森的测算，中国的GDP曾于1820年占到世界的1/3左右，是当时全球第一大经济体，但在之前的500多年里，就发展水平而言，基本上呈停滞状态。1840年后，一方面受鸦片战争等外部冲击的干扰，另一方面西欧国家在工业革命后快速崛起，中国经济在世界经济中的分量急速下落。直到新中国成立前，我国仍然处于积贫积弱的状态。原本1949年新中国的成立为改变这一状况带来了转机，但受苏联高度集中的计划经济发展模式的影响，并未激发全社会发展的活力，相反却使得宏观政策环境和微观经济机制被严重扭曲，引发了长期的短缺经济。直到1978年改革开放政策的实施，才使我国真正开始了长期的经济增长，取得了举世瞩目的经济成就，工业化、城市化水平急剧上升。

数据显示，2014年我国的人均GDP约为7485美元（约合人民币46531元），按照世界银行的标准，已是上中等收入国家水平。然而，经济的快速发展却并未改变我国自20世纪50年代以来的城乡二元结构，相反却有进一步扩大城乡发展差距的态势。另据国家统计局公布的数据，我国居民收入的基尼系数2003年为0.479，2008年达到最高点0.491，这之后逐年下降，2014年的基尼系数是0.469。而在20世纪80年代初，全国收入差距的基尼系数是0.3左右。我国第六次人口普查显示，截至2010年，我国还有将近6.7亿人生活在广大的农村地区，农村人口占总人口的比重达到50%以上。虽然改革开放后城镇化快速发展，经过多年的城镇化发展，我国城镇常住人口的比重于2014年已经达到54.77%，但乡村人口的数量仍然接近6.2亿人，这意味着广大农村地区的稳定发展与繁荣直接关系到一半中国人的福祉。从另外一个层面看，我国当前三次产业结构为9.2∶42.6∶48.2[①]，第一产业的比重已经大大下降，这又与庞大的农村人口形成鲜明的对比。还可以很明显看出的是，我国已进入了工业化和城镇化深入推进的关键时期，尤其是进入“中等收入”发展阶段后，如何跨越后起国家曾普遍遭遇的“中等收入陷阱”[②]，顺利推进国家现代化的进程，努力建成全面小康社会，成为必须面对和解决的重要问题。基于这一因素考虑，在转型发展的大语境下，进一步解读和分析我国经济发展所取得的奇迹，阐明转型经

---

① 数据来自于国家统计局《2014年国民经济和社会发展统计公报》。

② 世界银行《东亚经济发展报告(2006)》提出了“中等收入陷阱”(Middle Income Trap)的概念，基本含义是指：鲜有中等收入的经济体成功地跻身为高收入国家，这些国家往往陷入了经济增长的停滞期，既无法在工资方面与低收入国家竞争，又无法在尖端技术研制方面与富裕国家竞争。

济发展的动力机制,构建经济发展所需要推进的制度环境和制度体系,是这一阶段不可回避的研究主题。

值得注意的是,改革开放30多年来,非公经济特别是民营经济得到了长足发展,民营经济占全国经济总量的比重达到了前所未有的高度。[①] 以农村工业化为起点推动的城市化、工业化发展开启了20世纪后20年社会主义中国快速崛起的新篇章。关于这一段历史,已形成浩如烟海的研究成果,其中关于经济发展背后支撑因素的挖掘和分析,也先后经历了从强调“物”、到强调“人”、再到强调“人与人之间关系”的历程,这从某种意义上也代表了发展思想的转变。结合本书研究的主题,社会资本(Social Capital)概念和相应理论的兴起,无疑是为解读中国过去长达30年的经济增长提供了一个崭新的视野,更在某种程度上为古典经济增长理论提供了极具中国特色的理论补充,同时也为客观和准确把握转型发展的特征和规律提供了新的理论范式,为我们考察基层社会发展提供了新的分析框架。目前,社会资本已被运用于分析可持续发展、社区治理、经济增长、地区差异、就业、集体行动、发展中市场转变等广泛的发展问题,已成为一种新的发展理论范式。世界银行发布的《2003年世界发展报告》[②]就广泛地讨论了社会资本在可持续发展中的作用,指出:可持续发展要求社会不断增加各类资产,不但包括人力资产、人造资产、自然资产、知识资产,还应包括社会资产。事实上,在经济发展的进程中,各类资产存在整体上的相互补充性。社会资产不仅有助于提高环境资产、物质资产的生产力,还能加快人力资本的长期积累。社会资本连同法规、组织机构等正式制度共同协调着人们的行为。因而,从这个层面上说,促进可持续发展离不开传统的社会资本,如地方组织和领导,鼓励民众的广泛参与。

本章节内容从新经济社会学的产生与兴起出发,分析了转型发展大背景下社会资本的多种属性,尤其是从基层社会的视角分析了社会资本,就其与非正式制度、基层民主、基层社会治理、经济发展等方面的关系展开了详细的论述。本章节的具体内容安排如下:第一部分简要介绍新经济社会学的主要观点和内容;第二部分回顾了社会资本概念的兴起与演化以及社会资本相关理论的发展,概述了该概念和理论在诸多领域的解释与应用,

---

① 据全国工商联公布数据显示,2013年中国民营经济贡献的GDP总量超过60%。全国至少有19个省级行政区的贡献超过50%,其中广东省超过了80%。

② 世界银行《2003年世界发展报告——变革世界中的可持续发展:改进制度、增长模式与生活质量》,把消除贫困作为可持续发展的重要内容,分析了相互竞争政策目标之间的关系,包括减轻贫困、保持增长、增强社会凝聚力和保护环境之间的关系。

并就社会资本与非正式制度做了简要的比较分析；第三部分立足乡村社会，从村域社会资本的视角就其与乡村选举、乡村治理进行了简要的论述，社会资本为基层治理提供了一个新的理论解释，并给出了本书关于社会资本的概念界定，同时还专门就社会资本与经济发展的相互关系进行了详细的论述，回顾了从社会资本一端跨越到经济发展一端过程中的内部机理和实现路径；第四部分为本章小结。

第一节　新经济社会学：新交叉学科的兴起

社会资本的有关研究总体上可以纳入到新经济社会学（New Economic Sociology）范畴，这是一门经济学与社会学交叉的新兴学科，它的诞生促成了经济学与社会学边界的局部融合。事实上，在新经济社会学产生之前，经济社会学作为研究经济和社会相互关系以及经济运行过程中经济因素和非经济因素相互作用的一般规律的社会学分支学科，早已有之。

一、经济社会学的起源与发展

经济社会学萌芽于19世纪中叶，早期称之为古典经济社会学，主要由马克思、韦伯、涂尔干等人做出了众多的贡献。其中，马克思关注经济基础与上层建筑之间的关系，《资本论》就主要研究了资本主义社会经济结构和运动规律；韦伯则将宗教与文化的研究引入经济研究之中，强调非经济现象，如宗教信仰，也能对经济的发展产生某种程度的影响，他在《新教伦理与资本主义精神》中指出，加尔文教派所宣传的教义对资本主义兴起产生了十分重要的影响，且用行动的合理性和组织的合理性来描述资本主义的发展趋向；涂尔干则在《社会分工论》中，分析了资本主义发展过程中分工与社会团结的关系，指出从机械团结向有机团结的过渡是分工发展的结果，资本主义社会中的分工为其带来了进步。

20世纪20年代后，波兰尼与帕森斯等学者推动了古典经济社会学的发展。波兰尼所提出的“嵌入”与“整合形式”等概念极大地丰富了经济社会学的内涵，他认为交易与市场很大程度上根植于社会系统之中，并指出经济的实质是互惠、再分配、交换三种整合形式的混合体。1956年，帕森斯与斯梅尔瑟合著出版了《经济与社会》一书，这在某种程度上标志着经济社会学作为一门独立学科的正式创立。帕森斯运用“结构—功能主义”分析手法,把社会定义为一个由许多子系统组成的大系统,并指出经济是社会的一部分,是社会系统的适应子系统。经济系统与其他系统相互作用,所有子系统在维持社会大系统运行过程中都发挥重要功能。斯梅尔瑟则在前期研究的基础上,用同样的方法研究了英格兰的工业革命,并出版了第一部教科书《经济社会学》。之后,斯梅尔瑟和斯维德伯格进一步探讨了经济与社会的关系,并在《经济社会学手册》当中首次从相关变量、自变量、变量间关系和"假设"等方面对主流经济学和社会经济学进行了比较分析。(见表 2-1)

表 2-1　经济社会学和主流经济学理论的区别

项　目	经济社会学	主流经济学
主体概念	主体与主体之间的行为相互影响,并且是群体与社会的一部分	主体不与其他主体关联(方法论上的个人主义)
经济行为	使用不同类型的经济行为,包括理性行为等,理性本身作为一个变量	所有的行为都是理性的,理性是最基本的假设条件
约束条件	经济行为受资源稀缺、社会结构、意义结构等限制	行为受个人偏好、资源稀缺、技术条件等限制
分析目标	描述与解释,很少用于预测	预测与解释,很少进行描述
使用方法	使用历史方法和比较方法等多种形式,分析者经常收集和产生数据	注重使用正规的数学模型建构
经济与社会的关系	经济是社会的组成部分,社会是基本背景环境	市场与经济是基本环境,社会是外生给定

资料来源:斯梅尔瑟、斯维德伯格:《经济社会学手册》,华夏出版社 2009 年版。

总体而言,以帕森斯和斯梅尔瑟为代表的现代经济社会学家,以理论融合的方式,在古典经济社会学确立的研究范围内,建立了一个抽象力和形式化都相对较强的"结构—功能主义"经济社会学。然而,由于其中概念和框架过于抽象与机械,并在很大程度上忽视了宏观系统的微观基础,对经验分析又显得相对不足,使得它与现代经济社会之间融合度不高,无法获得经济学界的积极响应,结果也导致了两个学科之间相当长时间的争论。

二、新经济社会学的核心概念与理论主张

马克·格兰诺维特在前人关于经济社会学研究,特别是在波兰尼关于"经济嵌入于社会"理论主张的基础上,建构了一种新的综合的经济社会理

论,以一种新的社会学视角——社会结构或社会网络的视角来研究经济行动和经济秩序。他于1985年发表在《美国社会学杂志》上的《经济行动与社会结构:嵌入性问题》成为开创西方新经济社会学的里程碑性文献,并指出了新经济社会学的核心概念与理论主张。

(一)嵌入性

"嵌入性"(Embeddedness)是新经济社会学研究中的最为核心的概念。波兰尼在《大变革》一书中首次提出"嵌入性"概念,并将此概念用于经济理论分析。他认为,"人类经济嵌入并缠结于经济与非经济的制度之中,将非经济的制度包括在内是极其重要的","经济作为一个制度过程,是嵌入在经济和非经济制度之中的",并提出了互惠、再分配和交换这三种经济活动形式在不同制度环境下的嵌入形态不同。事实上,在工业革命之前的非市场经济中,市场交换机制尚未占据统治地位,经济生活以互惠或再分配的方式为主,是嵌入在社会和文化结构之中的;而在工业革命之后的市场经济中,经济活动仅由市场价格来决定,人们在这种市场上按照金钱收益最大化的方式行事,此时的经济体制是在某种程度上出现"去嵌入"(Disembed)的趋势,即不再受社会和文化结构的影响。格兰诺维特的研究则指出,当行为主体的决策不仅仅考虑自身利益的最大化,还考虑外部关系的影响时,"嵌入性"就发生了。格兰诺维特还认为,"嵌入性"主要可以分为两种:一种是关系性嵌入,即经济行为者是嵌入于其所在的关系网络中并受其影响和决定的;另一种是结构性嵌入,是指行为者互动所构成的社会关系网络嵌入于由其构成的社会结构之中,并受到来自社会结构的文化、价值的影响或决定。

(二)经济的社会建构

新经济社会学认为,经济现象是嵌入社会结构之中的。在新经济社会学家看来,社会结构就是一种网络。社会结构牵涉到个人之间、角色之间、群体之间、组织之间等多种层次的社会单位之间的关系模式。而按照格兰诺维特的观点,行动者在社会空间中的行为往往混杂着多种动机,仅仅用"理性行动者"或"利益驱动"来解释所有的经济行动是不充分的,因为它们深深地依赖于社会的网络、制度、文化、历史等背景条件。同时,格拉诺维特还认为是人存在非经济的动机,指出社会性、赞同、地位和权力等会影响人们的行为模式。同时,在新经济社会学看来,经济制度本身就是一种社会性的建构,经济制度并不如新制度经济学所认为的只是单纯地解决经济问题的最优效率安排,而是经济活动主体之间稳定的、持续的社会网络互动演变而成的成果,具有明显的路径依赖性。

三、理论研究视角

新经济社会学的产生是对建立新的综合的经济社会学理论框架的一种努力。新经济社会学旨在为经济社会关系给出比专门化的经济理论或社会理论所单独可以给出的更为令人满意的解释,其分析主要基于"经济行动嵌入于社会结构"的假设。就目前新经济社会学的研究视角而言,可以主要概括为以下三种。

(一)网络研究视角

网络理论认为经济行为被社会性所限定,认为个人的决策和行为是与具体的社会情境无法割裂的,必须用"嵌入"来说明个人行动与其所处的社会现实之间的关系,并指出仅用个人的动机不足以解释纷繁复杂的经济生活。事实上,从 20 世纪 70 年代开始,怀特等人就开始从网络的视角来研究经济问题,这种理论是对社会学家把行动者看成"过度社会化"的个体与经济学家将经济行为的主体看成是完全不受他人影响原子化个人的观点的某种综合。其中,巴特的"结构洞"(Structural Holes)理论具有十分重要的地位。所谓"结构洞",就是指社会网络中的空隙,即社会网络中某个或某些个体与有些个体发生直接联系,但与其他个体不发生直接联系,即无直接关系或关系间断,从网络整体看好像网络结构中出现了洞穴。这一理论在理解市场竞争问题时尤为有效。在经济竞争中,其结果并非与竞争者所拥有资源(如资本、权力等)直接相关,而是与竞争者在网络结构中的位置相关。

(二)文化理论视角

新经济社会学将文化研究纳入其中,主要得益于扎勒泽和迪马乔等人类学家将相应研究方法和研究兴趣引入进来。扎勒泽基于以往社会学家对市场运作的忽视,指出要有效地研究市场,市场不应被视为社会文化因素的对立面,而应被理解为一种特殊的社会关系和文化价值观。扎勒泽从文化的视角出发,主要围绕"道德与市场""生命保险""儿童的社会价值"等问题展开研究,其重点放在各类经济现象的社会建构过程上,其中包括个人生命的经济价值的确定、儿童的经济价值的确定等方面。而迪马乔等人从大文化的角度补充了格兰诺维特的"嵌入"概念,提出了"政治嵌入""认知嵌入”和“文化嵌入”的观点。

(三)组织理论视角

在经济领域的组织理论研究方面,艾科斯提出了“准企业”(Quasifirm)概念,认为现实经济生活中的经济组织方存在以某种关系网络为基础而结成的相对松散的非企业类组织,具备相对稳定的合作与协调性。而作为新经济社会学的代表人物,格兰诺维特则提出了关于经济组织的社会学问题,指出社会关系渗透于各个企业间,经济组织和个体经济行动者一样受到来自社会关系网络的限定。其中有两方面的关系值得引起关注:一是企业间的交往和联系并不是通过正式的经济交易规范而达成的,在很大程度上它是通过社会关系网络实现的;二是企业内部的等级制度也常常被非正式的社会关系网络所取代。当然,近年来研究者也开始关注一些其他的主题,如组织生态学、新制度主义。

第二节 社会资本:问题与争论

经济学界对社会资本概念并不是一致认同的,正如主流经济学界当年对人力资本概念的接受是一个渐进的过程一样,针对社会资本的争议,学者也都是持审慎的态度。在古典经济学领域,基于个体理性假设的最优化决策方式是妥善解释经济社会行为的有力工具。虽然人类行为的互动(包括集体行动)早已经为人熟知,但在古典的经济学领域更是将目光集中于原子式的个人主义,并没有过多地考虑社会互动(Social Interaction)带给经济社会行为的影响。武考克研究证实,汉尼芬在其著作《乡村学校社区中心》中首次创造了“社会资本”这个词,并给出了相应的定义。雅各布斯则最早提出了现代意义上的社会资本概念,并在研究城市邻里关系时,将“网络”赋予了社会资本。就社会资本进入经济学领域而言,最早可以追溯到罗瑞的研究,他在《种族收入差别的动力理论》一文中指出,社会资本的差异是造成美国社会收入差距的主要原因之一,随后他还进一步研究了社会资本差异与美国社会不平等问题。20 世纪 80 年代初,布尔迪厄首次将社会资本引入社会学的研究领域,认为社会资本是个人在社会结构中有助于达成个人目标的社会网络联系以及成员资格,并将其与货币资本、人力资本等同起来。科尔曼在美国社会学界首次明确界定了“社会资本”这一概念,并对社会资本给予了全面而具体的界定和分析。普特南则首次将社会资本概念了引入了政治学领域,在其发表的《让民主的政治运转起来》中,研究了意大利各行政区社会资本与经济、政府绩效之间的关系。在普特南之后,社会资本概念受到众多领域大学者的极大关注,他们分别从网络关系成员、社会网络结构、社会网络资源等角度展开了分析,产生了一系列研究成果。

随着"社会资本"从最初的社会学领域被引入到发展经济学领域后,在不长的时间内就成了理解和分析诸多经济现象的新范式。至今,社会资本概念的出现,虽然其确切的含义以及度量的共识尚未最终达成,但就社会资本在很大程度上解释了经济社会发展的部分事实这一点,已经取得了学界的普遍认可和一致共识。目前,有关社会资本的研究仍在不断深入,当然,试图以基于社会互动的社会资本理论来重新阐述一国或地区的经济增长显得有些大胆,但从社会资本的视角来重新审视诸多经济社会现象背后的内在机制与机理,能为我们更加全面地理解经济社会的运行运转提供积极的帮助。本书认为,社会资本并非是一个纯粹概念,而是一个带有复合性质的多维概念集合体,需要在不同的维度和语境中将其加以拆分解读,并从中提炼出可以分析的共同特质,进而在此基础上得出一些有意义的结论和深刻启示。

伯勒斯与基提斯说:"社会资本思想吸引了左派,是因为它证实了信任、宽宏大量和集体行动在解决社会问题时的重要性,并因此反对那种认为财产权明晰和竞争性市场可以成功地遏制自私动机而无须培养公民美德的思想。自由放任主义的支持者陶醉于此,因为他们坚持认为在市场无法提供如地方公共物品和各种保险的领域,除了政府以外,邻里关系、家长教师协会、保龄球联合会以及其他组织也都能从事这些活动……我们世纪这些孪生幻想的破灭,为社会资本进入知识时代消除了障碍。"①

一、社会资本概念与理论溯源

资本的形成源于人们从当前消费中抽出资源并将它们用于增加未来消费或生产可能性的行为。到目前为止,比较著名的有关资本的概念是物质资本与人力资本。物质资本是人类创造的可以用于带来未来收益的生产的各类物质资源的总和,人力资本是行为主体完成某项活动所必需的知识或技能,而社会资本则是物质资本与人力资本的有效补充。一般而言,

---

① 曹荣湘主编:《走出囚徒困境——社会资本与制度分析》,上海三联书店2003年版,第129—130页。

物质资本与人力资本更多的是一种经济性的资本，具有“物”的属性，而社会资本则相对具有“非物质”的属性。在解释经济增长时，物质资本和人力资本往往被视作投入品，其与经济增长间存在正相关关系。事实上，社会资本与经济增长间的关系要复杂得多，并非是简单的相关关系。有关资本、物质资本、人力资本与社会资本的相互关系如图 2-1 所示。[①] 从某种意义上说，社会资本并非完全等同于“物”[②]的层面的“资本”，只是在部分属性上与“资本”具有交叉性，社会资本与人力资本又具有某种共同属性，甚至某种程度上说，特定的社会资本与人力资本之间存在较大的替代性。

图 2-1　资本、物质资本、人力资本与社会资本

事实上，有关社会资本概念的“萌芽”状态，可以追溯至 19 世纪末。早期社会资本概念受到传统政治经济学理论，特别是其中的古典资本理论兴起的影响，“资本”的特性非常明显，往往被用来指一些具有公共物品特性的，属于国家或社会的公共资本。自从科尔曼发表《社会资本对人力资本创造的作用》一文以来，探讨社会资本的功能、作用机制、产生机制的社会学及经济学相关文献大量出现。学者们从各自的研究领域和研究对象出发，对社会资本的概念给予了独到的解读，分别从社会资本的组织属性、要素属性以及结构属性等方面进行了深入阐述，产生了许多具有代表性的学说，并将其用于解释经济社会的诸多现象。总结回顾众多关于社会资本的学说，具有代表性的主要有下述四种（见表 2-2）。由表 2-2 可以明显地看出，四个代表学说主要都是从社会学的层面上予以了总结提炼，除了第四

① 作者认为就资本这个集合概念而言，远非物质资本、人力资本或者社会资本所能穷尽，故在图形描述资本这个集合时出现上图所示。

② 汪丁丁归纳了“资本”的三个维度，即：物的维度、社会关系的维度和精神生活的维度，并认为三个不同维度的资本共同组成一个开放式的三维资本空间，立体式地共同与外界的经济社会发生作用，促使诸多复杂社会问题得到解决。

项代表学说涉及企业内部关系以及竞争力问题之外，前三项学说真正体现经济学属性的成分相对单薄。

表 2-2　有关社会资本的代表学说①

代表学说	代表人物	代表观点
社会结构要素说	詹姆斯·科尔曼	社会资本是根据它们的功能来定义的。它不是某种单独的实体，而是具有各种形式的不同实体。其共同特征有两个：它们由构成社会结构的各个要素所组成；它们为结构内部的个人行动提供便利。和其他形式的资本一样，社会资本是生产性的，是否拥有社会资本，决定了人们是否能实现某些既定目标
组织特征说	罗伯特·D. 普特南	社会资本是指社会组织的特征，如信任、规范，它们能够通过推动协调的行动来提高社会的效率
能力说	亚历杭德曼·波茨	社会资本指处在网络或更广泛的社会结构中的个人动员稀有资源的能力
关系（网络）资源说	皮埃尔·布迪厄、罗纳德·伯特	布迪厄指出："社会资本是实际的或潜在的资源的集合体，那些资源是同对某种持久的网络占有密不可分的。"罗纳德·伯特认为："（社会资本指的是）朋友、同事和更普遍的联系，通过它们你得到了使用（其他形式）资本的机会……企业内部和企业间的关系是社会资本……它是竞争成功最后的决定者。"

对照表 2-2，可以发现国内外学者关于社会资本定义所给出的阐释有许多异同之处。主要的共同点表现为这些界定的基本倾向趋于一致，即都认为社会资本是一种特殊形态的资本，与物质资本和人力资本一样具有工具性和实用性，能够在现实的生产活动中产生实质性的作用，促进市场活动的有效开展。不同点则主要体现在部分学者认为社会资本作为人们互动的基础和产物，具有情感性和再投资性，需要在不断的社会互动中保持其资本属性。不过总体来讲，可以发现有关社会资本的定义主要集中在社会网络或社会关系的层面，认为社会网络、社会信任是社会资本的最核心体现，且认为社会资本与社会信任或社会凝聚力存在密不可分的联系。此外，一些学者还从行为学角度对社会资本进行了某种界定，认为社会资本

① 这四种学说在目前关于社会资本的讨论中，并不能涵盖所有关于社会资本的学术界定。事实上，还有许多著名的学者，如奥斯特罗姆等，都对社会资本给出了相应的解读。

是某种人们在互动过程中形成的价值关系或相互认同。基本上，到目前为止，大部分对于社会资本的定义以及特征的把握，要么偏重于功用层面的资本属性，要么偏重于抽象的道德属性。事实上，社会资本在基层社会尤其是乡村社会，除了表现出顺畅的生活节奏、提供合作的信任基础和交往的便利等基本属性外，还更多具有静态的组织或结构的属性①，并且前者甚至是后者的一种派生和演化②。

在对社会资本进行层次划分时，往往也是从微观、中观和宏观三个层次展开分析。微观层面的社会资本探讨的是社会实体（个体、组织或团体等）通过社会连带的对外联结，寻求包括情感支持、信息交换、交易机会等内在的支持性资源，并且探讨如何透过社会网络来调动和整合各类资源，以确保实现某种目标。如在解释个人关系网络对就业择业的影响时，就属于微观社会资本的范畴。中观层面的社会资本所探讨的是连带网络中社会实体之间的联系类型以及网络结构，包括个体的结构位置、集体的结构形态，以及结构特质所能带来的资源。波特的“结构洞理论”便属于这一层次的社会资本理论。宏观社会资本的观察重心，在于社会系统中的文化、规范、领导、组织以及政治经济制度等，观察这些因素如何影响彼此具有联系的社会实体，包括联系的方式以及网络中的资源创造，如在用社会资本解释一个社会、民族、国家或地区经济和社会发展的理论模型时，就涉及宏观层次社会资本的讨论。可以说，从这三个层次上对社会资本进行分类分析，对我们分领域研究与社会资本相关的应用主题具有极大的理论参考价值，并且这种跨度也使社会资本这一概念得到广泛而灵活的使用。但事实上，社会资本三个层次的划分并非是如此明确和直接的。这三种类型的划分原本就具有一定的相对性，甚至在具体研究过程中，还存在较大的交叉性。最理想的状态，是不同层次的社会资本能够进行“换算”分析，但显然这并非是一道简单的数学题，理论上的难度和实践中的可操作性难度都会比较大。因此，就社会资本进行层次上的划分无非也仅仅是种逻辑与理论上的尝试。

目前，在众多的文献中，学界对于社会资本还没有形成一个完整的、绝对权威的定义，但已经初步形成如下共识：社会资本是继物质资本、人力资

---

① 即社会资本并非某种具体而确切的资本，实际上社会资本的不明确和模糊性使得人们更多的是去遵循，而并非使用。

② 本书认为在因果关系的论证上，社会资本首先表现为组织或结构的准自然属性，而后才延伸出信任、认同等道德属性，同时道德属性又进一步强化了社会资本的准自然属性，而并非如众多文献所论证的那般，社会资本一开始就表现为信任或认同。

本之后的一种新的资本形式,是一种可资利用的社会资源。其意义在于通过强化或重塑社会关系(社会契约的方式),使社会能够从中获利。具体到应用过程中,在解释不同问题时,有关社会资本度量的标准也存在较为明显的差异,本书特将主要文献中涉及的关于社会资本的定义与测量方法,予以梳理和总结,有关社会资本的定义如表 2-3 所示。由表 2-3 可以明显地看出,包括经济学家在内的各个领域学者开始广泛关注社会资本,并都做出了许多新的尝试,从而使得社会资本的概念一步步丰富起来。

表 2-3　有关社会资本定义的总结

代表人物	主要观点
皮埃尔·布迪厄	社会资本是实际或潜在资源的集合,这些资源与由相互默认或承认的关系所组成的持久网络有关,这一网络为大家所共同熟悉和公认,而且或多或少是被制度化的
普特南	社会资本指社会组织的特征,如信任、规范和网络,它能通过推动和协调行动来提高社会效率
林南	社会资本是镶嵌在社会结构之中并可通过有目的的行动来获得或流动的资源,是个人通过摄取镶嵌性资源以增强工具性行动或情感性行动中的期望回报而在社会关系中进行的投资
纳比特、戈尔沙	社会资本是镶嵌在个人或社会个体占有的关系网络中、通过关系网络可获得的、来自于关系网络的实际或潜在资源的总和,区分了三个基本维度,即结构维度(Structural Dimension)、关系维度(Relational Dimension)和认知维度
科利尔	社会资本是一个社会内在的社会及文化的凝聚,是影响民众相互关系的准则和价值观,是嵌入社会中的惯例
爱德华兹	社会资本是指嵌入民众之中、并为民众所拥有的准则和价值观,它们是维系集体和社会约定关系的结果
斯蒂格利茨	社会资本包含隐含的知识、网络的集合、声誉的累积以及组织资本,它可以被看作是处理道德风险和机会主义行为问题的方法
弗朗西斯·福山	社会资本是群体成员之间共享的非正式的价值观念、规范,能够促进他们之间的相互合作
E.奥斯特罗姆	社会资本是关于互动模式的共享知识、理解、规范、规则和期望;是自然资本、物质资本、人力资本的必要补充
爱德华·格拉泽	社会资本是由个体出于私人动机而投资形成的,能够带来市场和非市场效益的资源存量

续 表

代表人物	主要观点
张其仔	社会资本是人与人之间在信任和合作基础上形成的社会网络，将社会网络视为一种最重要的人与人之间的关系，并将其视为资源配置的一种重要方式
杨雪冬	社会资本是处于共同体之内的个人、组织通过与内外部对象的长期交往、合作互利形成的一系列认同关系，以及在这些关系背后积淀下来的历史传统、价值理念、信仰和行为范式
边燕杰等	社会资本是行动主体与社会的联系以及通过这种联系摄取稀缺资源的能力

二、社会资本的度量

现阶段，一些学者对于社会资本相关问题的研究从一开始的偏向理论分析慢慢转向实证研究，即通过实现社会资本的量化，以特殊的代理变量或者问卷调查收集数据来表现社会资本量的大小，并运用计量方法来检验社会资本与经济增长、技术创新、创业就业、人力资本以及企业发展等之间的相关关系。实证研究带来了一个必须首先解决的难题，即实现对社会资本数量上的测度。然而，基于先前众多学者对社会资本定义的界定，如何实现对社会资本的度量成了多数研究者热衷展开的话题，甚至从某种程度上说，社会资本度量本身的研究都可以成为一个研究方向和主题。在回顾总结以往文献的基础上，本书将社会资本度量的方法予以概括归纳。从大类上划分，对社会资本的度量方法主要从个体社会资本、地区社会资本、宏观社会资本和企业社会资本等角度展开，具体到各个大类下的社会资本度量方法，可参见表 2-4。

表 2-4 社会资本的度量方法汇总

类型	代表	具体度量方法
个体社会资本	世界价值观调查	问题:一般来说,你可以说出你所能信任的人的最大数量是多少或者你不需要特别提防的人有多少
	科尔曼	1.参加社团的数量;2.个人的社会网络规模和异质性程度;3.个人从社会网络获取资源的能力
	布尔迪厄	1.行动者可以有效地加以运用的联系网络的规模;2.网络中每个成员所占有的各种形式的资本数量
	林南	1.个体社会网络的异质性;2.网络成员的社会地位;3.个体与网络成员的关系强度
地区社会资本	保罗布伦、奥妮克丝	地方社区的参与、社会关系的能动性、信任与安全感、邻里关系、家庭和朋友关系、差异的承受力、生活价值和工作联系
	劳瑞、约翰·F.赫利韦尔	1.市民团体,由四个指标(报纸的读者群、文化协会和体育运动的普及性、全民选举中的出席率、偏爱投票的发生率);2.制度绩效,涵盖了12个独立要素;3.公民满意度,通过被访者回答对当地政府活动的满意程度进行衡量
	纳特·J.科莱特、米歇尔·L.卡伦	1.信息交换的渠道和机制;2.已有的协会、协会性质以及创立协会的原因;3.联姻关系和家庭关系的延续;4.社区内部关系和解决冲突的机制;5.基础设施的建设和功能;6.援助、互相帮助、合作的性质和组织;7.社会保护和福利、集体责任感
	普特南	参与率:投票人的投票参与、报纸的读者群、非营利性联盟中的会员数
宏观社会资本	卢燕平等	将自愿免费献血比率(自愿免费献血量与临床总用血量的比率)作为社会资本的替代变量
	Grootavert、蒂埃里	1.协会中成员关系的密集程度;2.成员关系的内在异质性(如年龄、性别、教育和信仰等);3.集会参加情况;4.政策制定的积极参与度;5.到期应付情况和社群的定位
企业社会资本	边燕杰等	1.企业法人代表是否在上级领导机关任职,用以衡量纵向网络关系;2.企业法人代表是否在跨行业的其他任何企业工作或任职,用以衡量横向网络关系;3.企业法人代表的社会交往和联系,用以衡量综合社会关系

在具体的实践中,有关社会资本的测度相比表格中已罗列出来的方法要多得多。有学者把社会信任水平作为社会资本水平的间接测度指标,通过直接调查某个给定社会或社区人们相互之间的信任程度和参与决策制定过程的程度来实现社会资本的度量,如世界价值观调查(World Value

Survey，WVS）[①]就采用了此种方式。此外，从表 2-4 中还可以清楚地看到，社会资本的度量紧随社会资本的定义，在不同层面和不同领域，选取的指标截然不同，但此处展现的众多度量方法都偏重测度出社会资本的资源属性[②]。虽然也有学者从更加外生的角度来测度社会资本的大小，但事实上社会资本的结构属性或组织特质并没有得到足够的重视，尤其在分析基层社会层面时，更是如此。

在度量乡村社会资本尤其是农户的社会资本方面基本上也是沿袭了表 2-4 所列出的网络测量法，而对于嵌入乡村社会并一直影响乡村社会运行演变的组织或结构特性并没有得到很好的揭示。事实上，广大乡村作为城市经济的延伸地带[③]，市场化程度相对较低，传统的社会制度或组织结构对乡村经济社会的发展所起到的作用更加显著。这一点在以往的文献中并没有得到充分体现，这对于理解以农村工业化推动城市化、工业化的发展模式来说有失妥当。

总之，就社会资本度量而言，目前争议较多，尚未形成统一有效的测度工具与方法，大体视研究主题不同而有选择地使用相应的概念与度量方法。社会资本度量的困难，一方面由社会资本概念本身的复杂性所致，社会资本概念的争论必然带来相应度量方法的争论；另一方面，即便是在概念统一的情形下，社会资本在政治经济社会不同领域的表现形式也呈现出多样性，这也为社会资本的归类分析带来了极大的困难。可以说，社会资本度量的困难性如同其概念的复杂性一样，虽然给社会资本理论与应用的规范化研究分析带来了某种程度的约束，影响了社会资本相关理论在标准经济学领域的解释和应用范围，但也正是因为社会资本表现形式的多样性，为设计社会资本相关理论研究和应用研究提供了广阔的天地。

---

① 世界价值观调查（WVS）主要包括对各个国家不同组织的成员人数、对社会合作行为的态度、对他人的信任程度和对他人价值观与生活方式的忍耐度等方面的调查。“请您从总体上判断您所处的社会（社区）是属于下列哪种情况：A. 社会上大多数人都是值得信任的；B. 和社会上的人打交道要非常谨慎，因为人们不值得信赖。”这是 WVS 的典型问卷。

② 此处指的资源属性，一定意义上就是指资本属性，指社会资本的实用性和预期回报性。

③ 事实上，自清代以来，商品经济逐步深入到农村社会，绝大多数从事耕作的民众，可以自由迁居和聚集在相互联结并通过市场结构与更大的贸易中心联结的小村庄里。虽然广大农村相比更早时代，已经脱离了封闭状态，但总体而言自给自足还是农村经济的最基本特征，市场化发育程度往往较低。

三、社会资本:经济社会行为分析的新范式

自马歇尔创立新古典经济学以来,个人理性分析方法日益占据主导地位。在马歇尔后的经典经济学理论框架中,个体往往都是被假定为非历史的、抽象的个人,是独立的原子,行为主体根据价格信息追求自身收益的最大化会导致合作与信任的自然生成,其研究也始终围绕价格机制这一核心,将人的社会行为归结为以市场价格为连接点的人际间接互动,而往往忽视了人与人之间的直接互动以及由此生成的社会结构。在解释具体的经济行为或现象时,理性选择范式作为一种基本假设条件,采用“奥卡姆剃刀”方式,使得被解释对象被简单明了地处理成整齐划一的单一“个性”主体,而这显然是一个略显绝对的结论。越来越多诸如马克思、韦伯、波兰尼等学者开始从宗教、文化等视角切入,来研究经济发展的内生动力。尤其随着制度经济学的兴起,制度本身及其内生出制度的政治社会文化因素也不断被证实是影响经济增长的重要原因。

中国自改革开放以来,经历了维持较长时间相对较高水平的经济增长。然而,仔细分析,却可以发现在这个持续增长的过程中,并没有标准教科书意义上的私有财产体系,法治建设也不完善。这些都在不断引起全世界范围内学者的好奇与关注。斯蒂格利茨指出,市场经济的成功不能仅仅依赖于经济激励,规范、社会制度、社会资本等也至关重要。尤其是对于进入转型发展轨道的广大发展中国家而言,更无法脱离其起步的社会基础。从某种意义上说,传统的基于社会孤立范围而展开的经济行为分析已经无法完全解释现代经济现象的产生。这使得人们开始反思突破原有的理论框架,抛开舍弃行为主体互动影响的假设条件,将行为主体之间的互动网络引进经济行为的分析中,以更好地从微观层面上去解释诸多宏观现象,从而在加深理解经济现象的基础上,更好地制定经济制度,实现经济的长期增长。事实上,有关经济学对社会资本的理解,可以分别从社会资本的收益性、制度性以及外部性等方面展开分析,社会资本作用于经济发展的内在机制也可以参照图 2-2。

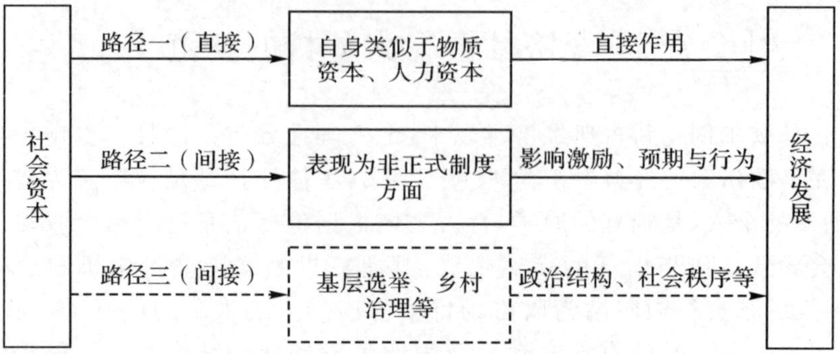

图 2-2　社会资本与经济增长的逻辑结构图

周红云认为，社会资本的分析框架为我们的研究提供了新的视野，有利于引导学术界加强对经济、政治以外的非制度性因素研究的高度重视，引起相关领域的学者从更深地理论层面上去关注以相对隐形的方式嵌套于社会结构之中的以社会关系、公民参与网络、信任和互惠规范等为表现形式的社会资本，并引领我们认识到这些社会资本对个人、家庭、公司、社区乃至整个国家的经济发展、政治民主以及社会和谐所发挥的重要作用。此外，周红云还指出，社会资本作为社会科学界一个新的概念与术语，具有两个层面的新内涵：第一，它扩大了经济学意义上的资本概念，丰富了资本概念的内涵；第二，它将社会关系、社会网络等社会结构的某些特征视作一种资本，梳理了关系、网络、信任等概念和相关理论，赋予这些概念以新的意义和内涵，从而为社会关系、社会网络等的研究提供了一个良好的理论视角，并最终提升了相关研究的理论价值。

（一）投入品与社会资本

著名发展经济学家迈耶指出，某些经济学家在强调原有物质资本、人力资本的基础上，将社会资本纳入到增长的源泉之中，并指出社会资本也是一种有助于解释经济增长的资本要素，尤其是可以用来解释增长模型中的索洛余量。世界银行则指出，社会资本和土地、货币等要素一样可以成为某种投入品，能在短期或者长期内带来收益，并从三个层面给出了理论依据：一是认为社会资本有利于促进信息共享，并在提倡合作行为与鼓励企业主体间信息共享的透明过程中，获得某种互动式的知识（Mutual Knowledge），降低不确定性，实现正式制度的内在化，发挥和实现强制履约的效果，从而全面降低各个经济主体之间签订契约的费用；二是认为社会资本有助于协调行动，可以避免因为经济部门之间的不相协调或者投机性的行为而带来的正式制度的实施无效率或低效率,在各个行为主体之间多次互动的基础上加强信任;三是社会资本有助于达成共同决策,这是一个解决公共品提供和处理市场过程外部性的十分重要的基础条件,为主体之间的共同分享和协调提供更有效的激励,从而实现用市场的方式促成企业组织功能的充分发挥。

此外,有学者指出,网络是市场与企业之外的某种新形态,它具备某种意义的制度属性,可以说是市场制度中契约的某种替代。诺思和奥尔森深入研究了社会资本更为广泛的含义,并就其对宏观经济效果的影响也进行了深入的探讨,认为不同国家间人均收入的差别无法依靠如土地、人力资本、自然资源、技术、生产资本等要素的人均分配来解释,并指出恰恰是如制度、社会资本、各个类型的公共制度或政策等元素共同决定了一国能否从其资本的其他形式中获取有效的成果。奥尔森同时也声称,那些拥有良好资源基础的低收入国家,由于缺乏规范有序、公正执行、产权能够得到长期保障的制度体系等原因,也很难从投资、专业化以及贸易等经济形式中获取巨大的收益并实现经济增长。

(二)信任、共识与社会资本

在解读社会资本这一重要概念时,有学者认为信任、规范和网络通常都发挥着重要作用。福山将信任看成是社会资本的重要组成部分或指标,还将其视作前提条件。关于社会资本与信任关系的讨论,主要可以从两个方面展开:一是将信任视作社会资本的重要因素之一,认为把信任看作社会资本的重要组成部分的一个基本的分析性问题,是该词所承载的道德重负。当然,现有一些社会资本观念倾向于将信任的道德和经济内涵融合起来,指出社会信任可以视为其自身的目的以及行动的润滑剂或资源。二是可以将信任视作其他社会资本的基础和前提,尤其对于一些社会团体而言,信任是通过非正式关系和规则的方式化解经济风险的。约瑟夫·E.斯蒂格利茨认为包括共识、关系网的集合、声誉及组织资本等在内的社会资本是应对道德风险与经济激励问题的有效社会方法,并指出这应该作为组织理论的一种重大拓展而得到经济学家的重视。事实上,社会资本的培育与发展必须和一个国家的社会经济发展相适应,才能确保以市场为基础的经济的正式正规制度,在某种程度上部分以人际关系网为表现形式的交易活动的顺利进行。该过程一开始经历了社会资本总水平的某种削减,之后不同类型的社会资本在经济社会的发展中产生。一般而言,社会关系总是体现于经济体系中,是嵌套于经济体系中的某种结构,而并非经济体系根植于社会关系中。总体而言，这个过程略微显得有些复杂，但也并非无迹可寻。研究发现，尽管社会资本并没有受到市场体系的直接调节，但显然深深受到市场经济发展的影响，且这个过程并非反过来也成立。此外，如果考虑到对于社会资本的传承和继续，渐进式改革显然更加能够适应社会的逐渐转型，因而也就显得更为重要。斯蒂格利茨强调，在解读现实经济社会现象时，必须充分认识和承认识别社会资本的重要作用，他认为这将是一个仍然需要进一步探讨和研究的重要话题。

克里斯托福罗在《社会资本与经济增长》中将社会资本定义为各种社会关系的存量，并用希腊的统计数据实证研究了社会资本与经济增长之间的相互关系。克里斯托福罗将社会资本视作规则、合作与信任的社会网络，并以希腊非政府组织中的特征指标作为度量社会资本的基本依据。在比较研究后发现，凡是那些公民参与度相对低的政策或重大经济改革，往往都以失败告终。在分析其中内在机理时，可以发现接受教育和等待就业的时间对公民参与团体行为的积极性有着显著的影响。通过计量分析得出结果：如果妇女或年轻人参与各种专业协会或社会组织，会明显提高他们实现就业的概率。总之，克里斯托福罗的实证研究表明，希腊经济增长的绩效与政策实施的效果确实在很大程度上同社会资本的大小存在密切关系。根据这一实证结果的逻辑推论，克里斯托福罗倡导希腊应该加强与欧洲其他各个国家的信任与交流。这为欧洲经济的一体化增长甚至解决长期以来严重困扰欧洲国家的失业问题发挥了十分重要的作用。

郭少新和何炼成在《社会资本：解释经济增长的一种新思路》中也充分肯定了社会资本在解释经济增长方面的特殊作用，认为包括信任、共同的规范或习俗、组织等内容在内的生产性资源是社会资本的重要表现形式。它在增强人际信任、避免机会主义行为、减少交易成本、助推经济增长等方面具有显著的正向作用。郭少新和何炼成认为，社会资本概念的提出和应用，使得经济学学者在解释经济增长源泉方面跳出了传统理论单纯注重物质资本和人力资本分析的框架，在很大程度上克服了主流经济学因为忽视人际关系与社会网络对信任的产生与维护、规范的确定等方面的积极作用而导致的缺陷，从此开始注重比物质资本和人力资本蕴含更多价值的信任问题与规范问题的研究探索，也开始将研究经济增长的视野转向了一个社会的文化与意识形态领域，从而为挖掘经济增长背后的源泉开辟了新思路。同时，他们乐观地认为，社会资本理论的兴起和发展，可以说意味着新古典主义经济学与新制度经济学在某种程度上的新融合，可以提高经济理论对现实经济生活的解释力。通过研究分析价值观、道德观以及习俗等非正式制度,从假设合作会带来互利的前提出发,论证了个人理性与社会理性、个人利益与社会利益在某种程度上的统一,由此构建了针对现实经济问题的更具解释力的理论体系。此外,他们也认为社会资本并未抛弃个人主义,恰恰是立足个人主义而引入整体分析的因素,并从个人主义的效用最大化出发,将个人最大化的行为和动机纳入了集体最大化的函数,并把对个体行为形成约束的制度、信任、习惯、道德等纳入博弈分析的整体框架中,通过集体选择的方式形成最终的博弈均衡,从而实现个人主义方法论与集体主义方法论在学理上的初步融合。

周德翼与杨海娟以陕西省为分析研究的对象,考察了社会资本的不同形态对经济增长产生的影响,指出西部在劳力、物质资本、技术等"硬"要素方面其实并不缺乏,而适合市场经济发展的诸如信任、规范等的"软"社会文化制度相对比较缺乏。研究发现,正是诸如具有契约精神的商业文化和相关的企业家才能的不足,才导致了土地、资金、技术等要素资源的某种闲置或低效率使用。研究指出蕴含在陕西省社会有机体中的文化、习惯与商品经济发展的不相适应在某种程度上阻碍了陕西省的发展。因此,他们提出要想真正推进西部大开发战略,实现西部省市经济社会的现代化发展,必须要注重相关文化方面的挖掘、整理、开发或扶贫,从而促进西部地区社会文化的转型升级发展,并实现社会资本的积累和增加,为经济社会全面发展提供社会动力机制上的支撑,并顺势指出在西部开发过程中应该更加注重市场力量的培育,为商业文化的繁衍提供良好的市场环境。

安妮鲁德·克里希娜在《创造与利用社会资本》一文中认为普特南及其同事向社会学家和开发实践者提出了一个棘手的问题,认为即便社会资本的强弱直接影响制度绩效的高低,但这依然不构成社会资本投资必然导致经济绩效显著提高的依据。克里斯托福罗从消极性和积极性两个层面强调了社会资本的概念,认为社会资本功能性的发挥必须满足一些基本的假设条件。同时,克里斯托福罗也指出将社会资本视作一个恒定存量的同时,也需要假定社会资本与一个处于相对稳定状态下的利润流量相关,且认为即便社会资本存量保持不变,利润流量依然可以增加。不论是在长期还是短期内,社会成员意在改变彼此对双方行为预期的任何目标行动,都能够在某种程度上提高具有互利性质的集体行动的预期。如规则、程序或组织等影响互利集体行动开展的结构要素与制度资本的累积相关;社会网络或关系资本会影响到人们在与他人合作中行动的价值取向、基本态度、准则理想和信念体系等。哈尔彭利用世界价值观调查所获得的统计数据,经过分析研究后发现那些信任水平越高的国家或地区,相对那些信任水平不高的国家或地区更加富裕，而信任水平恰恰又是度量国家或地区社会资本水平高低的一个重要指标。

通过探寻上述实证结果背后的机制机理，可以发现其关键就在于社会资本在降低交易成本方面的成绩显著，可以说正是社会资本的存在使得交易对象之间更加容易达成约定。此外，社会资本作为非正式制度的一种重要表现形式，使得人们通过彼此之间的信任、声誉以及非正式的行为规范等形式从某种程度上弥补了司法体系或正式仲裁制度在执行方面的欠缺，且这种社会资本所具有的自我实施性，执行的成本要远远低于正式制度执行所需要支付的成本。福山也从学理角度展开了深入的分析，指出由于自我实施特性的存在，使得非正式社会关系能够显著地降低交易成本而促进交易行为的彼此开展，并指出降低交易成本恰恰就是社会资本所具备的一项十分重要的经济功能。

（三）规则、规范与社会资本

制度是一个社会赖以运行的规则体系，是人为设计的、塑造人们互动关系的约束。制度中有成文的、匿名的、大范围内适用的，属于正式制度；也有不成文的、非匿名的、仅适用于特定社群的，属于非正式制度。制度的重要性不在于是否成文，而在于它是否实实在在发挥作用。诺思指出，在家庭内部、社会交往抑或事业活动中，支配结构的绝大部分是由行事准则、行为规范以及惯例来界定的。长期演化而来的非正式制度对正式规则实施效果的重要性已被多数学者认识到，忽视传统、道德、风俗等非正式制度而生硬地移植正式制度是毫无效果甚至是适得其反的，在某种程度上真正决定制度绩效的是以个性化知识为基础的非正式制度安排部分。社会资本与非正式制度的形成与作用联系紧密，有一些经济学家对这一领域的研究进行了总结。一些学者则认为社会资本是有助于增强交易合作行为的某种信任机制、意识形态、非正式规范或相关性的社会结构形态。而上述关于社会资本功能的界定恰恰也是制度经济学所关注的重要话题，指出了社会资本背后所强调的信任、规范等制度元素对促进交易行为的实施、节约交易费用等具有极为有利的正向作用。

此外，从某种意义上说，社会资本的形式还可以拓展到包括社会群体或某个团体的共享标准、规则体系或者群体内所展开的周期性活动的互动模式等。事实上，在现实社会中，根据制度化正式立法和执法所允许建立的法律或司法机构只是正式规则供给的一个重要来源，而很多大量使用的规则是由自组织控制系统建立而来的。世界银行在研究和分析印度拉贾斯坦邦流域开发的个别案例中也发现,在公共地域资源的开发使用过程中,合理制定村落个体使用公共资源的限度有助于实现整体效率的提升,而实现这种限制功能的却不是正式颁布的法律规章和行政安排,而是由村民在长期的交往过程中形成的具有共同认知度的规范和自主成立的非正式组织来实现的。布朗与波拉德在研究了印尼爪哇省水供应工程建设情况后发现,由于不同村庄在协作文化方面存在某种程度的差异性,从而导致了不同村庄公共水供应系统建设方面的效率存在差异。一些有能力且习惯协作劳动的村庄,由于良好紧密的社会联系,使得"搭便车"行为得到了较好的遏制,从而使得该村庄公共用水设施建设的水平比较高。事实上,在中国的基层农村也可以发现大量在村庄公共品提供,如自来水、水泥路以及寺庙建筑等方面,自发形成的非正式团体发挥了极为重要的作用,尤其是那些德高望重的长辈在组织村庄事务方面的作用更是不容忽视。普特南通过比较研究意大利南北部的经济发展发现,两个地区不同的组织形式在很大程度上影响了这两个地区的经济表现,其中北部地区水平型的协调性组织,从某种程度有利于促进信息或技术的传播。

本书认为,一个国家或地区进行某种制度安排时,不仅仅要注重法律、法规、规章等正式制度的设定和组织,还必须充分考虑隐含于本国或本地区社会中的文化传统、风俗习惯等非正式制度,且只有当正式制度与非正式制度协调、互补互促时,才能真正确保正式制度实施的有效性。诺思认为,在市场经济的竞争中,竞争的优势不仅是资源的优势,且更重要的是关系优势,他认为结构众多的竞争者,其关系优势就大,获得较大利益回报的机会更高。社会资源是嵌入于个人的社会关系网络中的,并不为个人所直接占有,而是通过个人的直接或间接的社会关系来获取。网络分析探究的是深层结构——隐藏在复杂的社会系统表面之下的一定的网络模式。从该意义上讲,社会网络分析等同于结构分析。在竞争激烈的市场经济中,人们用感情和人情的因素来维持秩序,人为地造成竞争的不平等,并用关系网络的建构能力替代了企业的经营管理能力,用"情感契约"代替"文本契约"。

(四)相关实证文献

社会资本的作用主要体现在资源配置和形成非正式制度方面,能够有效弥补市场缺陷。虽然目前很多分析都已经肯定了社会资本的作用,但是至于社会资本这种非市场化机制与市场化进程的相互影响程度,还有待确认。有学者通过利用中国的城市调查数据研究了社会资本在劳动力市场上的作用,发现社会资本在私有部门的回报率高于国有部门。也有学者发现社区层面的社会网络在提高人们福利方面的作用明显,而家庭层面的关系网络资源对减少贫困的作用也非常显著。此外,还有诸多文献考察了相对宏观层面的信任和规范对经济发展的影响。

张爽等利用中国农村调查数据,对社会资本与农村贫困进行了实证分析,并通过构建 Probit 模型[①]来考察贫困的决定因素。通过实证分析,确认了不论是社区层面还是家庭层面的社会资本对于减少贫困具有重要作用,还指出社区内其他家庭的社会资本对于本家庭减少贫困有显著的作用,从而证实了社会资本具有极强的外部性。同时,张爽等也指出社会资本作为一种非市场力量,其减少贫困的作用会随着市场化的进程而逐步减弱,这种减弱作用在家庭层面显得尤为明显。

在犯罪问题的研究方面,很多学者也纷纷引入了社会资本概念,认为社会资本通过一些渠道确实能够影响犯罪行为的实施。如有学者通过分析犯罪所受到的社会资本影响的结构,指出社会资本与犯罪率之间存在显著的负相关关系。有学者以美国为研究对象,指出在一个社区范围内,如果人们彼此陌生,针对青少年的监督也相对缺乏,加上参与的集体活动也比较少,这样的社区往往容易发生较多的犯罪或暴力现象。哈尔彭通过分析"芝加哥社区人文发展项目"的调查数据,发现在研究社区之间犯罪率差别问题时,人与人之间的互信程度以及邻里之间的利他行为能够提供较好的解释。哈尔彭之所以这么认为,是因为他觉得社区内部或社区之间成员的相互尊重或信任是一种良好的互动机制,有利于形成一种社区层面的群体防范能力或互保机制,从而从某种行为上阻止青少年群体式参与各类犯罪行为。

在社会资本引入到政治领域后,一些学者在相关方面的研究也取得了显著的成果。帕克斯顿在研究社会资本与民主之间的关系时,使用了 46 个国家的相关统计数据,最终得出的结果显示,社会资本与民主之间的相关性很强,且存在相互作用和相互制约的双重效应,即提高社会资本可以促进一个国家的民主,反过来,民主程度也会影响该国的社会资本水平。Bjornskov 则将社会资本纳入到腐败问题的研究之中,通过实证分析来自 29 个欧洲国家和 17 个非欧洲国家的相关统计数据,发现一个国家社会资

---

① $P(Y=1)=\varnothing(\partial+\beta_1 SC+\beta_2 M+\beta_3 SC\times M+\beta_4 PC+\beta_5 HC+\beta_6 OC+\beta_7 X+\beta_8 Z+\mu)$模型中,$P(Y=1)$表示家庭非贫困的概率,SC 代表社会资本,M 度量市场化程度,PC 代表政治资本,HC 代表人力资本,OC 代表实物资本,X 代表家庭特征,Z 代表村庄特征。

本水平的高低与腐败的可能性之间存在负相关关系,并由此给出了潜在的政策含义,即在一个国家范围之内,可以通过如教育投资、收入分配调整等方式来提高一国的社会资本水平,并从某种程度上降低腐败行为发生的可能性。巴罗以相关政治指标来度量社会资本,研究了1960—1985年间世界范围内相关数据后发现,政局稳定性(他以年均发生革命或政变次数和平均的政治暗杀事件次数来综合衡量)与经济增长率以及私人投资占GDP的比重之间存在显著的负相关关系。

在社会领域方面,奈克和基弗采用信任来度量社会资本,并实证分析了人际间信任、公民间的合作规范与经济绩效之间的关系,通过世界价值观相关调查的实证数据分析发现,人际间的互信对提升经济绩效具有显著的正向作用。拉·波塔等也通过运用1970—1993年间的相关数据分析,表明人们之间的信任水平与经济增长存在正相关关系(在10%的水平上显著)。怀特利通过对来自1972—1992年间34个样本国家的经济增长和社会资本数据的分析,也得出了相似的结论。布鲁内蒂、基苏尼科、韦德则将研究的视角转向企业层面,通过设计一项针对41个国家的多位企业家的调查数据,构建了一个称作是"规则可信度"的综合性指数,并以此作为衡量一国社会资本大小的量化指标。该指数一共分为六个等级,并在控制初始收入水平和教育程度之后的实证分析后发现,该指数每提高一个等级,投资占GDP的比重将提高317个百分点,而年均收入增长将提高115个百分点。

第三节 乡村社会资本:解读乡村发展的新视角

村庄既是一个农户聚集的紧凑社区,也是一个为人们所公认的事实上的社会单位。农村社会中所发生的消费、生产、分配和交易等行为的变迁无不折射着整个中国社会的变革。同样,乡村社会中所存在的社会互动与社会结构及其变迁也都保留着现代中国发展的历史痕迹,农村对于传统农业占主导的中国而言,其重要性不言而喻。

一、乡村社会资本:生成与转型

卡尔·波兰尼在总结社会经济发展历程时,认为可以将经济社会发展历程划分为三个阶段,即嵌入经济(Embedded Economy)阶段、脱钩经济

(Dis-embedded Economy)阶段和再嵌入经济阶段(Re-embedded Economy)。并具体指出,以道德、伦理等要素作为支撑、以嵌入社会关系的互惠网络为表现形式是嵌入经济的主要特征;而经济主体之间的交往互动相对独立于社会关系则是脱钩经济的主要表现形式;再嵌入经济是脱钩经济发展到一定阶段后,社会关系回潮的一种表现。目前,我国的社会经济转型可以说同时包含了这三个阶段,但后两个阶段的特征更为明显。

我国有悠久的农耕传统,在漫长的历史演变过程中,创立了一套严格的伦理规范,强调家庭、家族和村落的重要性。实际上,所有形式的传统文化,如部落、氏族、村社(Village Association)、教派等社会团队的组建,都有一套相对系统的共享规范作为基础,且它们通过规范达成合作的意愿与目的,而福山还认为中国古代朝廷几乎不提供社会性服务来回馈农民的税赋是导致中国家庭主义浓厚的原因。我国历史长久的皇权制度以及“普天之下,莫非王土;率土之滨,莫非王臣”的国家所有制,使得我国的农村社会长期处于不完善的产权制度保护的境地之中,从而形成了中国农村对家庭和血缘关系非常重视和依赖的特有传统,即以家庭为核心有序外推的血缘、亲缘、地缘关系成了广大农村居民最可依赖的社会资本。可以说,在中国人看来,经营社会网络关系并从中获取自己所期望的资源,已由几千年历史的潜移默化,积淀成了自然而然的社会知识。此外,中国的农村居民还通过“拟亲缘”的方式来拓展关系网络的辐射范围,并由此构成为人所熟识的所谓“人情社会”,人们之间的社会联系呈现出“差序格局”的状态,每个人都只是社会关系网络中的一个节点,且相互之间形成双向的权利义务关系。

改革开放以来,随着城市化进程的启动和加速,传统的农村社会格局不断受到来自现代社会的挑战,且由于政治经济制度向基层社会的不断延伸,使得农村传统社会资本受到了很大的冲击,尤其是随着农村人口流动性的增强,对镶嵌于传统村落社会的农村社会组织产生了极大的挑战。我国的乡村社会大体进入了传统社会资本占主导转变为传统和现代社会资本平分秋色,现代社会资本成分迅速增长而传统社会资本却又不曾远离甚至复苏抬头的阶段。目前,我国农村社会资本正处于传统社会资本受到挤压,而现代社会资本尚未完全建立的转型期,在诸多具体事务中,传统社会资本的作用和影响方式由直接变为间接、由显明变为隐晦、由前台转为后台,而现代社会资本尤其是一些新兴的商业经营组织也开始发挥不可忽视的重要作用。现有文献已从家庭社会资本、家族社会资本、邻里社会资本和自组织社会资本等几个方面进行了详尽地描述。一般来讲,传统关系网络是具有相对封闭性和同质性的,现代关系网络则具有开放性、异质性和包容性,是一种普遍信任(General Trust),是一种带有非人格化特性的信任,即对他人的信任是建立在契约基础上的,而不必考虑他的个人特征。可以说,现代关系网络中的互惠规范比传统关系网络中的更具有对等性和即时性。相对应而言,传统关系网络中的信任是一种人格信任(Personal Trust),更是一种熟人信任,即在决定信任的双向关系成立方面,个人特征方面的权重极大,其中包括成员彼此之间关系的紧密程度、现有的道德状况、社会身份以及经济状况等。另外,一些不可更改的先天因素如血缘、亲缘等对双向信任关系的建立至关重要。

本书关于乡村社会资本的分析讨论是嵌于改革开放以来,我国经济社会面临整体转型发展的语境之中的,尤其是随着20世纪90年代以来"社会转型"概念的勃兴,其中分析研究我国社会自改革开放以来的社会变革和社会变迁的具体进程的文献不断增多。在这期间,学界关于我国社会转型演化阶段划分的讨论不断增多,其中就有学者将社会转型描述成一种"整体性的发展"和"特殊结构性变动",包括从计划经济体制占主导的社会向市场经济占主导的社会转型;从农业社会向工业社会转型;从封闭、半封闭社会向开放社会转型;从伦理社会向法制社会转型。其中,当我国社会从再分配体制向社会主义市场经济体制转型的时候,乡村社会在基层选举、资源配置、产业发展等方面发生的深刻变化更为引人注目,从而使社会资本在乡村社会资源获取过程中的意义不断凸显出来,也为理解乡村社会正在经历的转型发展过程提供了新的视野。

就村级层面而言,超越家庭的家族关系对人们的经济行为以及村庄的经济社会发展产生了极为重要的作用,即家族社会资本,包括宗族、房族等非正式组织或规范,对经济行为产生了重要影响。一般而言,家族社会资本是指在家族范围内形成的信任、互惠规范和关系网络。早在新中国成立前,家族作为家庭的有效延伸,家族的社会资本在农村的存量非常大,也在影响村庄各项事务方面起着举足轻重的影响,比如说家族社会资本在保证乡村秩序良好、帮扶乡村弱势群体、供给乡村公共品以及代表乡民与政府互动对话等方面都发挥了极为重要的作用。自古以来,我国素有"皇权不下县"的传统,这使得乡绅们基本上成为县以下行政区划的治理主体,而充当乡绅这一角色的往往都来自家族中德高望重的老人。新中国成立后到改革开放前,出于特殊的考虑,我国政府出台了一系列弱化家族力量的政策和措施,从而使得家族社会资本达到了前所未有最低水平。改革开放以后,随着全国各地宗族组织的快速复兴,一系列建国之后被取消的行为,如祭祖年会、修缮祠堂、编修族谱等也得以恢复。

总体而言，我国农村社会资本的基本现状是：在传统社会向现代社会转型过程中，一方面，“乡族式”社会资本虽然在个量上被消解，在整体组织特性上不再显著，但在行动能力上，却依然维系着基层社会机体的基本运转；另一方面，符合现代社会特征的正式社会资本尚未得到有效建构，在行动能力上表现为正式社会资本的“不足”，虽然目前随着经济社会事务的相对复杂化，村两委等正式组织对村庄事务的影响逐步增强，但是潜藏于村正式组织背后的传统社会力量仍然不应该被忽略。综合分析中国传统社会的特征后可以发现，这是以家庭、宗族或乡土为基本的组成单元，聚合而成具有紧密联系网络的社会资本，并由此形成了乡族式的关系网络，且由于这类网络通过以血缘和地缘为纽带的不断累积向外扩展，呈现出了“差序格局”的状态。同时，在这关系网络内部，也是呈现以“己”为中心，在不同的圈轮上有上下、亲疏、远近、贵贱之分。相反，在网络外部，往往都是延伸半径较小，相互间联系也较为松弛，存在一定程度的封闭性和排他性。虽然随着我国不同阶层间的分化与流动，社会结构重组的加速推进，传统的乡土情结正在面临前所未有的挑战，但由于目前我国在突破阻碍城乡融合的制度设计方面依然没有取得实质性的进展，传统村落中的紧密关系网络资源分享模式在空间上发生了转移，在陌生的城市中间取得了成长和保持的空间，可以说传统社会资本在行动能力上有所加强。

二、社会资本与基层选举

1982年的《宪法》第一百一十一条明确规定，村民委员会是农村基层群众性自治组织；村民委员会的主任、副主任和委员由村民选举；村民委员会同基层政权的关系由法律规定。村民委员会设人民调解、治安保卫、公共卫生等委员会，办理本居住地区的公共事务和公益事业，调解民间纠纷，协助维护社会治安，并向人民政府反映群众的意见、要求和建议。从此，村庄民主开始步入蓬勃发展阶段。选举成了农村治理改革最重要的内容之一，是基层民主治理最实质性的发展，也是我国推进民主化进程的实质性实践。可以说，村级民主选举过程是民主实践的过程，也是对农民及基层干部的民主教育、学习和训练的过程，对增强农民及乡村干部的民主意识、法制观念及民主能力发挥了重要作用。随着村民自治制度引入农村社会，对选举制度及基层民主的研究文献也不断增多。在具体的乡村选举过程中，有因血缘、姻缘或亲缘等关系而形成的家族宗族组织，有村民因某些特殊利益而自发设立的一些功能性组织，还有因习俗、惯例、宗教信仰等原因而形成的象征性组织等作为社会资本形式存在的民间组织在农村治理过程中都发挥着不可忽视的作用。

在具体的村庄政治发展中，村级规约作为村级治理法制建设的一个重要层面，对规范村级治理各项活动具有直接作用。从全国范围来看，村级规约是适应村级治理在广大农村的普遍推行而出现的，如今几乎每个实行村级治理的村庄都制定了适合本村实际的村级规约。有学者将村级规约定义为村规民约，指出其是依照法治精神，适应村级治理要求，由共居同一村的村民在生产、生活中根据习俗和现实共同制定共信共行的自我约束规范的总和。选举作为现代民主政治的一种基本实现方式，对村庄事务代理的责任观产生了重要的影响，但实际上潜藏在选举背后的是传统的村庄格局，深深影响着选举的每一个过程。钱穆就曾指出："欲治中国之政治史，必先通中国之社会史。而欲通中国之社会史，必先穷中国之宗法史。"肖唐镖发现，选举并没有阻碍宗族的作用，反而刺激了宗族关系以及与宗族关系纠缠在一起的婚姻、人情、面子等相关资源。比如，选举刺激了宗族的苏醒和相互之间的竞争，增强了宗族的凝聚力和向心力，使族内或房内矛盾暂趋缓和。

三、社会资本与基层治理

我国是传统农业大国，农业人口占绝大多数，农村地域面积广，在长期的农业经济发展过程中，形成了独特的农业文明和农村社会格局。农村作为我国农民的最主要居住区，其对广大农民生活基本需求的保障功能不可替代。因此，理解农村社会在长期演化过程中形成的诸多规范、非正式制度以及隐形组织等是理解真实农村的重要基础，如"差序格局"就是处理中国社会结构和人际关系的一个显著特点。新中国成立前，我国在很长一段时间内实行的农村保甲制度是推动整个乡村社会治理的基本制度。

在界定乡村治理的含义方面，现有学者主要从以下几个视角切入：其一是认为"乡村治理"即"村治"，是乡镇以下的农村广大居民实施自治的治理结构，村民自治委员会的关系行为属于群众性自发组织的自治行为；其二是认为"乡村治理"即指村庄政治，指出所谓的村级治理，就是指村庄公共权力对村庄内部各项公共事务的组织、管理与调控。而徐勇等人则认为，村级治理是通过公共权力的配置与运作，对村域社会进行组织、管理和调控，从而达到一定目的的政治活动；第三种观点则认为"乡村治理"就是指村民自治,如郭正林在分析乡村治理的影响因素时认为,乡村治理概念主要指"村民自治",而"村治"概念难以反映村庄治理行为及其制度的复杂结构,可以用"村政"概念代之。

随着关于村庄治理研究的不断深入,"社会资本"问题也逐渐进入到学者们的视野中来。总体来讲,当代乡村社会资本与治理的需求相比,无论是存量还是结构都存在很多缺陷。中国乡村社会历来重视人情、关系,以儒家文明为核心的社会资本存量异常丰富,而新中国成立以后乡村社会经济关系发生了深刻变革,我国社会资本的总体构成中也呈现出越来越多的现代要素。但总的说来,由于中国传统文化根深蒂固和转型时期的特殊性,当前我国的乡村社会资本具有过渡性质,妨碍了公民利益表达、政治参与和政治沟通的有效实现,降低了社会的整合能力,对乡村治理的实现产生了极大的制约。关于社会资本和治理之间的关系,唐亚林教授认为,社会资本与治理不论是在逻辑层面上还是在实际的社会生活中都表现为一种辩证关系。尤其是在民主政体下,普遍建立起来的社会信任或社会共识,一方面不仅有效推动了乡村治理的有效开展,另一方面也使得广大民众在参与治理的具体过程中,又正向推动了信任或共识在更高水平上的实现。可以说,社会资本与治理之间普遍存在一种互促共进、相得益彰的辩证关系。叶笑云则认为,社会资本和政府治理之间存在着相互依存、相互补充的关系。社会资本是推进治理良性化的必要条件,而社会资本在某种范围内也会阻碍政府实施治理的有效性,从而降低治理绩效。可以说,社会资本与治理之间既存在良性互动,又会在某种程度上形成恶性循环,且在社会资本的形成过程中,不能忽视政府治理的关键作用。

现阶段,随着农村改革的深入和社会的转型,其内在困境与矛盾日益凸显,突出表现为公共服务供给不足、社会有序度下降、不和谐因素增加等。其背后所反映的是当前我国农村基层治理权力格局中多元主体间的结构性张力。在此背景下,亟须研究如何在乡村社会建构多元主体合作共治的制度性合作格局。其中,界定与认识这些多元主体的内涵与功能就成为首先需要解决的问题。诺思曾指出,在家庭内部、社会交往抑或事业活动中,支配结构的绝大部分是由行事准则、行为规范以及惯例来界定的。中外社会管理的理论和实践也已表明,社会管理体制的改革创新不能仅仅集中在国家政策、法治等正式制度层面,还需要重视社会力量及其非正式制度的约束作用,以两者兼容并举作为创新社会管理体制的重要路径选择。假如我们将观察的视角转向社会的微观层次,就不能不关注乡村基层社会的微观结构,并重视其对于社会管理创新的潜在意义。

存在于乡村社会微观层面的社会资本大致包括宗房结构、非正式规则、自组织这个三方面。宗房结构是指不同宗族、房族的组成与分布情况;非正式规则是指存在于地方文化与习惯中的那些不成文的行为规则与价值判断;自组织是介于国家和家庭、市场之间,独立存在、自主运作的社会组织形态,包括地缘性组织、血缘性组织、业缘性组织、信缘性组织、文体娱乐性组织、维权性组织等。由于政治、历史、地理与文化等方面的原因,宗族等乡村自组织及其他微观结构在各地的存在类型、发展程度不同,所发挥的功能也有所差别。但总体而言,其在乡村社会治理中的影响早已为学者所重视,并在新的发展时期受到了越来越多的关注。

依照我们的观点,正可以将存在于乡村基层社会的微观结构与基层社会整体的融合视作一种"嵌入",并将乡村基层社会非正式组织或制度视作社会资本来阐述和解读其对于乡村治理的价值。其中,以宗族为核心的乡村非正式组织或结构的"复兴"是理解乡村治理非常重要的内容。发展社会学家对中国农村地区宗族网络的兴趣源于马克斯·韦伯。韦伯注意到,西方的宗族组织在基督教会和国家政权两种力量的冲击下,早在中世纪就销声匿迹了;而在中国,宗族组织不仅完完整整延续下来,而且还得到发扬光大,中国农村的生活是乡绅势力控制、宗族自治。宗族组织是中国乡土社会中最重要的"法人行动者",它不仅开办学校,建立祠堂,经营手工业,为宗族成员提供低息贷款,解决冲突和维持公正。[①] 事实上,宗族的确曾在历史上发挥着十分重要的乡村治理功能,在新中国成立前,宗族在中国的大部分地区,尤其是南方地区,一直是村级治理的核心。

通过调查发现,在基层社会,社会资本作为一种结构性资源,其影响社会治理的路径不仅仅局限于传统宗房结构对基层社会治理产生的直接结构性影响,还可以通过影响正式组织,如宗房结构影响村委会的选举和相关决策的执行,来间接影响基层社会治理的效率。从董翔薇、崔术岭、肖唐镖等人的研究成果来看,宗族等乡村自组织是乡村文化的重要内核,是构成村民日常生活与交往活动的重要基础,它已经内化为乡村治理规则与逻辑的重要元素。从近年来的村治实践来看,在村级层面已经出现了权力与权威的分离,村两委的治理行为往往要依靠其他因素,而宗族、红白理事会、宗教组织、民间信用组织、供销合作组织等乡村自组织就成为其中最为重要的因素。更值得一提的是,在村落层面,乡村社会内生的一些传统组

---

① 韦伯观察到的现象在他说所处的年代确实如此,但是经过多次的社会改造和运动,目前中国的宗族组织或势力已经远远弱化。

织资源如宗族等自组织及其治理体现着浓厚的直接民主色彩，并可能成为推进基层民主建设的组织基础。如肖唐镖在江西省农村多年的田野调查发现，农村治理中的正式政治组织如村两委和村民小组往往依据行政化、集权性原则运作，而一些非正式组织却往往按民主化、自治性原则运作。因此，在当今乡村社会的组织化程度较低，组织资源相对匮乏的情境下，宗族、房族及其他自组织与俗规作为一种糅合传统与现代于一体的社会资本形式，以非正式制度的方式填补了正式制度缺位或错位后留下的空白，实际上有助于民主政治的成长和发展。

此外，关于社会资本在社区治理特别是落后地区治理中的作用，政治学家和社会学家曾给予广泛关注。福山指出在分析研究社会繁荣及所谓的竞争力方面，社会资本的作用十分强大，且指出社会资本的影响力还远远要超越经济领域，在社会政治生活方面的作用也十分突出和明显。在福山看来，社会资本是一种公共物品，政策能否顺利实施，既要取决于个体和所设定的制度本身的强弱大小，还要取决于介于两者之间的中间媒介，即社会资本的强弱大小。社会资本很低的国家不仅容易产生弱小且效率低下的公司，而且也将深受政府官员腐败和公共部门管理效率低下之苦。普特南较早把社会资本理论引入区域政治发展研究，在对意大利南北方进行了长达 20 年的调查统计和分析研究后发现，政党政治或者意识形态对区域政治发展的影响作用远非想象的那么大，在所谓富裕和繁荣的背后，其实并没有对区域政治发展产生直接的结果，对社会稳定、政治和谐或者人口流动来说也不是关键。从而他得出的最终结论是，在理解区域政治发展状况时，最好的预报因子就是托克维尔所设想的那类强大的公民参与传统，即潜藏于社会有机体中的社会资本。参与各类地方性公共事务的积极性，如投票、读书会、阅读报纸、参加合唱团、狮子俱乐部和足球俱乐部等各种社会团体是一个地区发展水平的标志。在一些自治制度运转良好的地区，公民彼此信任，注重团结参与，社区领导人诚实公平，并且存在大量社团组织。可以说，社会架构与政治网络是平行发展而并非是纵向组织的。研究发现，在其他一些经济相对落后、治安比较混乱的地区，“缺乏甚至毫无公民精神”“无公民心”等是极端情况，广大公民在参加社会或文化团体等方面的积极性非常低，总是把公共事务视作与己无关的事情，且几乎每个人都认为法律注定要被破坏，每个人几乎都有一种无能为力的感觉，都有一种被剥夺感和不幸福感。鉴于上述研究，普特南认为，社会资本存量的多寡与具体的分布情况会直接决定一个地区的治理绩效、社会活力以及社区秩序的良性运转等。社会资本存量丰富且分布均衡，各项制度的运行就非常具有效率,整个社会的运转也会非常具有效率和活力;反之,社会资本缺乏与分布不均,社会就没有效率和活力。

四、社会资本与产业成长

农村工业的飞速发展是过去30多年中国最重要的经济现象之一。理论界对这一问题始终保持着高度的关注,而产业集聚则是产业衍生到一定程度所形成的必然结果。产业衍生在特定地理范围内更加易于发生,正是基于衍生企业更能从元企业处获得资源。一类是能为企业所拥有的,能为企业创造内部租金的资源;另一类则是存在于产业集聚之中,不为企业所持有,但能为企业带来关系租金和溢入租金的资源,包括企业的网络资源或外部资源。欧洲文献与现在出现的北美文献对高新技术和知识外溢的强调不同。欧洲文献更专注于社会网络和集群在培育中小企业方面的作用,尤其是一些传统制造业。在意大利,小而新的企业喜欢由社会网络支撑而带来的高度稳定性。企业规模小而带来的劣势可以由企业之间的空间集聚来补充以获得长期发展。费尔德曼发现企业在某地集聚并不是因为资源位于该地,而是企业家有意作为的结果。由于企业家曾在当地被雇用,从而使得企业家精神成为一种当地现象。某一产业于某地集聚很有可能因为当地企业具有共同关注点且集体行动是有利可图的。地理和空间位置影响企业家精神,地理集聚和社会网络是影响企业活动的重要因素。

我国经济发展阶段的特殊性及制度建设尤其是法制建设的相对滞后性,使我国目前处于一个低信任度社会状态。在机会主义有泛滥趋势和法律约束又鞭长莫及的情形下,正确理解社会网络作为非正式规则发挥出的约束和引导经济有序发展的作用具有极大的现实和理论意义。旨在降低同政府交易成本的商会暗流涌动,职业经理层的迅速萎缩,人格化交易的持续泛滥等印证了社会网络或社会关系对正式产权制度的强替代性。在转型经济体中,由于缺乏第三方的强制实施,具有自我实施特性的人格化交易俨然成为一种替代机制。

在研究中国乡村社会经济转型的过程中,有学者发现,在广大农村地区,完整的私有产权制度的相对缺失,使得农村地区的非正式产权由于得到地方社会规范的支持而发挥了产权约束的作用。社会网络在很大程度上支持了非正式产权,并从某种程度上有效地替代了正式产权制度。在此逻辑脉络的推演下,针对我国乡村社会中非正式组织具体绩效的实证文献正不断增多。在研究社会网络对经济增长的具体作用方式和机制时,彭玉生就指出，在正式产权制度相对缺失的乡村社会格局中，在中国农村地区所存在的一种独特的社会网络类型——宗族组织，为广大农村地区非公有经济的繁荣发展提供了有效的保护。具体来说，正是宗族在团结和信任机制等方面的独特功能，在某种程度上保护了私营企业免受其他力量的侵害，从而提高了其在血缘群体中的私营企业的生存能力和成功概率。同时，他还发现，非正式组织与正式组织的规范一旦发生冲突，正式制度执行的成本往往会因为非正式组织本身所具有的社会网络规范力而显著增加，从而降低正式组织的有效实施。可以说，在当代中国，宗族的功能相对于以前已经下降了很多，但仍然是一种具有相当规范约束力的组织。彭玉生以国家的计划生育工作为例，证明那些具有宗族组织发展程度相对高的村庄中，村民往往能够有效地反抗、规避或排斥计划生育，其婴儿出生率相对要高；而那些没有宗族组织的村庄，其村民更可能服从国家规定，其婴儿出生率会明显降低。

用宗族、亲族之间的互动以及形成的超市场关系来解释特定历史偶然事件中形成的经济集聚现象，可以填充从历史事件开始到经济集聚形成中间的“黑箱子”，既具有理论意义，又具有现实意义。在经济集聚地带更容易实现产品的差别化，使得企业更能顺应市场需求。这首先是因为产品之间的不完全替代性，使得在特定空间上存在的企业之间走出产品的完全竞争更加容易。企业数目的增加有利于发展差别化产品。用文化、习俗的不可移植性解释特定地域上的资本不流动显然有些笼统，因为它需要落实到具体的对象上。而我们发现的血缘、宗族关系则因为历史的沉淀在空间上基本不流动，除非某地的流出人口超过一定数量，使得宗族、血缘关系离开地理空间位置发生转移，否则这种基于宗族传承下来的社会互动网络不容易发生整体迁移。基于血缘、宗族关系的社会网络作为一种社会资本具有稀缺性，即在特定地理空间位置的社会网络具有特定的容量。对社会网络资源的使用超过这个容量则必然向市场或者网络外资源进行延伸，这就使得网络外的市场扩散在保证网络内发展顺畅、结构稳定的同时得到开展。

第四节 小 结

在过去将近 30 年的时间内，社会资本概念及其理论是社会科学中争议最多的概念和理论之一。但是随着学界对其概念及理论的不断探索与推进，社会资本相关研究的规范化程度得到了加强。其中一个不容否认的事实是,包括政治学者、经济学者、社会学者、管理学者以及历史学者在内的知识界的学者们都纷纷利用社会资本去解释社会经济现象,社会资本俨然已经成为社会科学进行理论和经验研究的一种重要范式。事实上,不论是针对社会资本定义的多样性,还是对社会资本从微观、中观或是宏观层面上进行的分类分析,有关社会资本与经济社会转型发展之间互动关系讨论的意义已经远远超越社会资本概念与测度本身的讨论。但整体而言,目前经济学对社会资本的研究还存在理论研究不足、实证分析不足以及经典文献与资料不足等方面的问题。

本章围绕全书的研究主题,就转型发展背景下社会资本的内涵与具体应用做了详细的交代。有关社会资本研究的文献还有很多,但本部分内容出于全书研究逻辑上的一致性考虑,并未全方位地展开对社会资本的分析。本书在后续的部分章节中,还补充添加了社会资本的相关文献,以有益于各章节内容上的完整性和逻辑上的严密性。本书虽然已在很大程度上就社会资本的定义和测量进行了梳理,但还是无法在回顾以往文献的基础上实现对社会资本的科学定义与精准测量。有关社会资本及其应用的分析始终无法回避一个事实,即难以避免社会资本本身定义的模糊性。这些年,随着各学科学者对社会资本理论研究的深入,有关社会资本的功能性已经得到越来越多社会学者的认同,这种认同恰是本书进行理论研究和实证分析的最大基础。本书后续章节的展开在很大程度上都是以本章交代的基本理论为基础,只是在研究具体问题时对文献有适当的拓展。此外,本书立足社会资本定义还存在多样性的事实,给出了限定于研究对象的定义和测量方法,并以此为基础展开实证分析和理论阐释。

第三章 社会资本与转型发展：制度效应、资源效应与组织效应

社会资本对现代经济的有效运行起着重要的作用……它组成了现代社会的文化部分。自启蒙运动以来，现代社会在其他方面是以正式制度、法律准则与理性为基础组织起来的。构建社会资本已经被视为“第二代”经济改革的一项任务。

——福山

在文献综述部分，本书已尝试将社会资本的定义、度量和应用做了“管中窥豹”式的梳理和总结。事实上，社会资本与经济社会发展之间的内在逻辑链条并非是一个不可窥视的“黑箱子”，而是存在着可供分析和值得探讨的特定机制和机理。社会资本作为一种“隐性”物质，其在现实经济社会发展中的作用一直“有迹可循”，特别是对于处于转型发展阶段的经济体而言，面临新旧社会秩序交接的现实处境，从社会资本角度切入来解读转型实现的过程，具有较大的现实意义。本章将就社会资本在转型发展下作用于经济社会的机制与机理做出理论上的剖析，为后续章节的理论和实证分析提供总体上的理论框架。

改革开放以来，我国的市场经济稳步发展，商品市场化和要素市场化的趋势持续增强，但与市场化蒸蒸日上的形势不相匹配的是，我国的制度建设尤其是产权制度的改革远远滞后。然而，即便在制度建设相对滞后的情况下，我国的经济自 20 世纪 80 年代初开始仍经历了长期持续的高速发展，这显然是一个值得探讨和关注的世界奇迹。本书并不企图从全方位的角度来讨论中国经济发展背后的动因与机制，而是将讨论的主题限定于本书所论及的社会资本的相关释义上。本书认为在转型背景下，社会资本对经济社会的作用可以抽绎概括为三重机制和三重效应。

长期以来，相比主流经济增长理论，针对从历史的长期发展中积淀下来的不成文规范或规则的研究整体偏少，对于诸如社会资本的因素是否是

决定经济增长的重要因素也存在较大的争论。但是随着社会资本概念从社会学领域向经济学领域的渗透,针对社会资本与经济发展之间关联性的研究日益增多。本书认为,包括信任、习俗、规范、认同、网络等在内的社会资本对经济发展的影响不容忽视。基于社会资本对理解我国经济社会发展的重要性,本书特将研究的焦点集中于探讨社会资本与转型发展的内在机理上,并指出了社会资本在现实经济活动中的三重机制,以及这三重机制在现实中所发挥的三重效应。(见图 3-1)

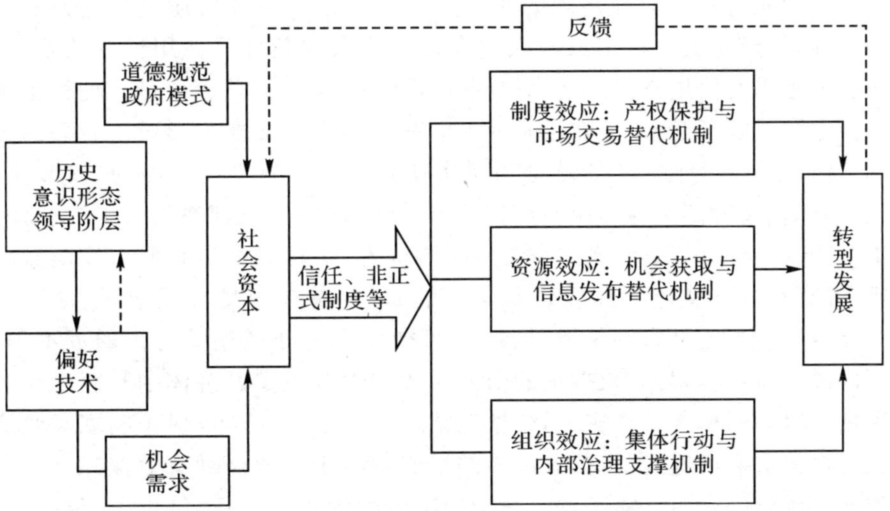

图 3-1　社会资本三重机制与三重效应

基本上,本章所阐述的社会资本与经济社会转型发展之间的三重机制和三重效应在后续章节上都有体现,如社会资本作为产权保护的替代机制在乡村产业兴起与扩张中有论述,社会资本作为信息发布的替代机制在社会网络与劳动力流动章节部分有论述,而社会资本作为市场化交易的某种替代机制更是贯穿于全书。可以说,在转型发展阶段下,正是社会资本所具有的这三重机制和三重效应,才在一定程度上保障了经济社会的长期平稳有序发展。深入分析、正确理解和有效把握这三重机理和三重效应,不仅有助于我们理解中国经济发展的特色和优势,从而推动我国制度建设的进程,还有助于我们进一步加深对经济社会发展动力的把握。

第一节　产权保护与市场交易的替代机制——“制度效应”

产权是一种广义的物权，是包括了所有权、占有权、支配权、使用权、收益权和处置权在内的权利束，而《新帕尔格雷夫经济学大辞典》却指出“产权是一种通过社会强制实现的对某种经济物品的多种用途进行选择的权利”。阿尔奇安把产权定义为人们在资源稀缺的条件下使用资源的权利，或者说是人们使用资源的适当规则。德姆塞茨则认为“产权是一种社会工具。它之所以有意义，就在于它使人们在与别人的交换中形成了合理的预期。产权的一个主要功能就是为了实现外部效应的更大程度的‘内部化’提供行动的动力”。为了说明产权的重要性，现代产权理论引入了“交易成本”(Transaction Cost)这一概念。科斯认为，交易成本是获取市场信息所需要的费用，以及谈判和经营新契约的费用，包括信息搜寻成本、谈判成本、缔约成本、监督履约情况的成本、可能发生的处理违约行为的成本等。可以说，交易成本与产权理论的引入对我们理解现实经济体制和制度绩效提供了崭新的视角。事实上，严格完整地实施有效的产权保护制度对经济发展至关重要，诺思就将西方世界的兴起归功于产权得到有效保障。学者琼斯在比较研究西北欧工业革命与中国经验的基础上，也得出了产权和产权实施的保护是持续的经济发展所必不可少的重要因素的结论。本书认为，交易成本同样为我们从社会资本角度理解产权保护问题提供了良好的视角。

关于社会资本的概念界定以及相应的度量方法，本书已于前文综述部分进行了详细的交代，此处不再赘述。本书主要采用普特南关于社会资本的定义，将信任、规范和网络等作为社会资本的重要标志。关于信任，早在半个世纪以前，阿罗就强调了诚信对于经济发展的重要性，指出缺乏诚信会提高交易成本，导致产权得不到有效保护，从而降低互利合作的机会与可能性，进而导致一国或地区的经济落后。格雷夫在研究了 11 世纪地中海附近马格里布商人的民间合作制度后，也发现密切的社会联系和普遍的互惠规则减少了行使产权的交易成本。莱克和基费利用 29 个国家的调查数据，实证分析了信任与民间合作对保护产权和契约权利的重要性。福山也认为在成员彼此间信任程度较高的社会里，经济运行的交易成本较低，且可以弥补正式制度的缺陷，从而为社会经济的繁荣提供必要条件。我们认为社会资本通过以下途径实现或强化了产权保护，从而使得社会资本的功能应用成为产权保护的某种替代，而针对社会资本的投资也就成了强化产权保护的有效方式。

一、社会资本与产权保护：实现路径

按照科斯定理，只要产权明确且交易成本足够小，那么产权的归属问题不影响市场均衡结果的有效性，且必然可以实现资源配置的帕累托最优。然而产权不清晰和交易成本的存在却是普遍情况。交易作为改善个人和社会福利的有效经济互动，它伴随人类社会的演进变迁而进步发展，并且受到人们之间互动方式、频率等因素的影响。有研究从科斯定理出发，立足交易的频率、专用型和异质性三个维度，证明了社会资本规制与产权安排之间具有相互替代性。本书认为，从历史演变的角度看，社会资本与交易成本之间存在着的S形的关系。在历史因素等外生条件的影响下，交易成本从 t_0 时期开始经历一个起伏状的历史演化变迁过程。本书的分析是假定在影响交易成本的其他因素不变的情况下[①]，社会资本及社会资本的投资对交易成本的影响。在初始阶段（t_0），由于特定自然历史条件下产品的同质性强，人们之间的交易意愿和交易收益并非特别大，加上交通等因素的制约，使得交易活动的频率也不高，而人与人之间的互动也相对比较少。[②] 相反，社会资本的存量却会随着历史社会的发展而不断累积，总体上呈现出上升的趋势。而在社会资本与交易成本的关系上，我们认为社会资本的累积促使交易成本出现下降的趋势，这也是我们认为社会资本是产权保护的某种替代的原因所在。在转型发展背景下，社会资本与产权保护的可替代性主要体现在以下几个方面。

（一）社会资本降低交易成本

在转型发展阶段，由于制度建设的不健全和制度实施的低效率性，交易主体总是不能准确有效直接地传播产品或人力资本关于质量的信息，导致市场出现对质量信息的某种扭曲。在理性法则的指导下，高质量产品（或人力资本）的搜寻主体总是依托于现有的社会网络，通过熟人网络的作用来消除由于市场信息扭曲而带来的效率损失。对于一个厂商而言，他发

---

① 技术条件的改进会影响到交易的方式和频率，尤其是会影响到交易的专用性。

② 这一点在农业经济条件下比较明显，可以说这是前市场经济条件下的“原子化”个人。

布高质量产品的信息，往往不容易得到市场的认可，而通过社会网络传播的质量信息却很容易得到消费者的认可。反过来，也只有生产高质量产品的厂商才更会求助于社会网络来发布产品质量的信息。因为对于一个厂商而言，利润最大化固然是其最终选择，但是在考虑社会互动条件下，厂商的效用最大化，才是其终极目标。本书以一个简单的关于产品质量的信息模型来描述。

假定一个生产产品A的厂商，其产品真实质量为v，此处还假定产品的价格即为产品的质量，即$P=v$，将产品投向市场后，消费者所认为厂商的产品质量为v^c，其中v^c服从于$[\underline{v},v\bar{v}]$的均匀分布，在不同的社会状况下会有不同的表现。

1. 社会产权保护和制度建设健全

在这种情形下，由于人们对制度的信赖，通过市场发布出来的产品质量信息v^M，消费者所认定的产品质量$v^c=v^M\to v$，即便是消费根据自身判断而做出的产品质量预期$v^e=\frac{\underline{v}+v\bar{v}}{2}\in(v-\sigma,v+\sigma)$，$\sigma$为对于产品真实质量的微小偏离。此时，厂商的利润函数为：$\prod=\underset{v}{Max}[vq-c(v,q)]$，其中$c(v,q)$为产品的成本函数，厂商完全可以根据产品质量与利润的真实关系来做出生产决策。最优条件是$v=c'(v,q)$。

2. 社会产权保护和制度建设不健全

此时，$v^c=v^e=\frac{\underline{v}+\bar{v}}{2}<v$，那么厂商在销售过程中，如果完全按照市场定价来，是会处于亏损状态的，且单位产品亏损的份额为$(v-\frac{\underline{v}+\bar{v}}{2})$。厂商为了避免市场扭曲带来的定价尴尬，必然会转向通过一些熟人网络来发布产品质量的真实信息，假定通过熟人网络而销售的市场份额为$\rho(sc)$，且$\rho'(sc)>0$，$\rho''(sc)>0$有而剩下的$(1-\rho)$市场份额则是推向市场按照市场所反应价格$v^M=v^c=v^e=\frac{\underline{v}+\bar{v}}{2}$。在这种汇总情形下，以社会网络为代表的社会资本就发挥了重要的作用。事实上，厂商在借助社会网络时并非总是“一本万利”，而是被要求必须披露真实的产品质量信息，因为社会网络兼具正外部性与负外部性。一旦厂商向“熟人”披露的产品质量信息出现偏误，那么可能会直接带来群体惩罚，此处我们假定当厂商通过社会网络而披露的质量偏离其真实质量时，厂商将遭受一个“集体惩罚”$C^{ex}(sc)$，该集体惩罚构成企业的潜在成本，其中有$C^{ex\prime}(sc)<0$。这里可以将厂商的目标

函数写成：$\prod(v,sc)=\underset{v,sc}{Max}\{\rho(sc)vq+[1-\rho(sc)]\frac{\underline{v}+\bar{v}}{2}q-c(v,q,sc)-(1-\theta)C^{ex}(sc)\}$，$c(v,q,sc)$代表厂商从事生产和销售时带来的成本，其中$\theta=0$或$1$($\theta=1$，意指厂商向“熟人”提供了产品的真实质量；而$\theta=0$，意指提供了产品的不真实质量①)。通过求解上述式子可以求出厂商的最优产量，即为：

$q^*=\frac{c'+(1-\theta)c'^{ex}}{(v-v^a)\rho'}$，其中$v^a=\frac{\underline{v}+\bar{v}}{2}$，有$(v-v^a)>0$，显然当$\theta=1$，即厂商向熟人提供真实质量的商品时，社会资本的存在有利于增强厂商的产量，因为$C^{ex'}(sc)<0$，$\theta=1$，有利于增加分母，从而增加最优产量。故我们可以说社会资本的存量是厂商在产权制度不完善情形下的最优产量选择。

(二)社会资本消除产权不稳定性

产权问题是资源配置的核心问题，清晰的产权是交易得以顺利开展的根本前提。然而，产权的不稳定性却是转型时期经济行为发生过程中存在的一个重要特征，它与产权制度本身以及产权制度实施的不力紧密相关，也在某种程度上阻碍了人们形成稳定的预期，并削弱了社会财富逐步增长的潜力。产权不稳定一方面表现在产权制度本身的不完善，即产权界定不明确而带来的产权不确定；另一方面则是针对产权制度的法律保护体系不完善，即产权保护不足是带来产权明确难以贯彻的原因，诸如第三方保护者的缺失或者作用不强就是这种情形之一。这两大因素的交互作用在很大程度上带来产权实施的低效率或者无效率，从而导致经济绩效的低下。社会资本作为镶嵌于经济社会有机体中的非正式制度，它首先能够在既定的时间内给经济活动的参与主体形成稳定预期，即社会资本作为非正式制度是在现成正式制度约束下促成稳定预期的重要保障。同时，社会资本在行为主体之间不断的互动中积淀和保持下来，并通过大家的约定俗成和潜在的“集体惩罚”机制来保障大家达成某种非正式的契约。应该说，正是社会资本在起源上的历史继承性使得其在功能发挥上也体现稳定性。正如普特南指出的那样，互惠规范和公民参与网络能有效地促进社会信任，提升个体的认同感，催生出具有实施特性的规范秩序，从而保障产权的稳定性。此外，社会资本作为历史社会演变的结果，其本身的演化变迁具有某种依赖性，使得这种秩序或非正式制度的保持具有一定的封闭性，一旦大

① 此处为了分析上的直观，直接将θ视作0或1，事实上如果将θ视作某一分布函数可能更加会符合现实情形，而将C_0视作某一固定常量也是为了分析上的便利。

家约定了某种规则，那么这种规则不仅仅是作为大家遵守的一种外在规范存在，更是作为大家的某种价值观或认同感存在。稳定的价值观或认同感对与产权有关联度的社会资本和产权的稳定性产生极为重要的影响，即便在市场秩序和规则大行天下的今天，决定人们行为规则的变量中还有很重要的一部分来自个体的价值体系。当然，社会资本作为法律之外的“软约束”，其对产权的维护并不是持久稳定的，往往容易受到外部环境变化的影响。尤其是在传统“熟人社会”转向“陌生人社会”的过程中，行为主体“匿名性”的增强，使得原先对熟人社会内在秩序的敬畏与自觉遵守逐步消散。但这并不意味着社会资本的作用不值一提。相反，社会资本恰恰是在社会秩序面临重构的当下，以其强大的习惯力量约束和抵制着现代功利主义的冲击，给制度建构和法律制定赢得时间。总体而言，社会资本作为一种习俗、规范、约定等非正式制度，在消除产权不稳定性上具有阶段性和局限性，长远考虑仍需要法律等正式制度的强制性约束和支撑。

二、社会资本与市场交易

（一）社会资本与市场交易：替代、挤出与互补

交易是市场经济的主要活动方式，可以说没有交易就没有所谓的市场。科斯就从交易费用这个角度出发，对市场和企业关系进行了研究，认为当市场交易成本高于企业内部的管理协调成本时，企业便产生了。企业的存在正是为了节约市场交易费用，即用费用较低的企业内交易代替费用较高的市场交易。斯蒂格利茨以保险市场为例，指出社会资本作为一种非正式的制度，与市场这种正式制度相比有可能是缺乏效率的，并可能在某种程度上挤出市场制度。他指出非市场制度虽然能够成为市场制度的补充，但在针对道德陷阱和激励问题时，非市场制度的实际功效可能并不如想象的那般有效。本章上述部分已经就社会资本作为产权保护和信息发布的机制予以了简要的介绍，本部分内容就社会资本作为市场化交易之间的互动关系予以简要的论述。产权完全下的市场交易是经济活动参与主体顺利实现资源优化配置的基本机制，然而现实的情形是在转型发展阶段，包括产权制度在内的市场制度建设是严重滞后于市场发展形式的，这就从另外一个层面折射了非市场制度的作用和功能。本书认为，转型阶段下的社会资本正是替代发挥着市场制度的部分功能。我国长期的农业经济发展历史，使得我国自古以来以“熟人社会”为主要特征，人格化交易的

活动既历史悠久又交易频繁。在产权保护不严格和信号传递失效的情况下,必然会出现要素市场扭曲的状况,尤其是涉及贷款、土地、企业家人才等要素时,往往不能实现资源要素的最佳配置。这种扭曲效应在要素市场相当明显,而在产品市场则不是很明显。之所以我国的人格化交易趋势有不断抬头的迹象,主要还在于产权保护这个大前提的严重缺失。

然而,以社会资本为代表的非正式制度与市场交易之间并非都是替代关系。(见表 3-1)

表 3-1　转型背景下社会资本与市场的三阶段关系

阶　段	关　系	特　征
第一阶段	替代	社会资本密集度和发展水平之间的函数呈颠倒的 U 形,正外部性大于负外部性
第二阶段	挤出	信任范围过于狭窄,群体内的团结削弱了群体成员与非群体成员进行合作的能力,带来消极的外部性
第三阶段	补充	正外部性与市场的负外部性有效抵消

在市场经济发展的早期,市场比较脆弱且还不是很完善,体现人际互动和强化人际关系的稠密网络就会在解决配置和分配问题时发挥重要作用,特别是在具有相对封闭性和规模较小的区域空间内或组织范围内,这种体系的运作效率就相对较高。在这个阶段,市场活动是在社会体系当中演化发展起来的,使得原有的人际互动规范、原则和秩序等直接影响这个阶段的经济活动效率。人际关系网络变得不必要并在一定程度上被摧毁了。个人关系的价值以及伴随它的社会资本降低了。随着市场经济的进一步发展和市场势力的进一步壮大,市场本身演化出了适应自身需要的规则和规范,并且这种市场本身有一种"自我加强"的特性。一般来讲,这个阶段人格化交易与非人格化交易共同处于市场环境当中,并且出现了人格化交易挤压非人格化交易的趋势。第一阶段作为市场补充机制的社会资本由于在初始阶段获取了丰厚的回报,使得社会资本的持有者在市场规则开始演化生成的新阶段中不愿意主动退出,从而产生了以社会资本为代表的规则体系挤压甚至挤出市场规则的趋势。一旦进入发达的市场经济阶段,市场自身演化出来的规则和秩序充分主导了整个经济活动的各个环节,但并不是说社会资本就可以退出市场了,相反,这个阶段代表非正式规则的社会资本在经历过第二个阶段的博弈演化之后,找到了适合自身的定位,社会资本在新阶段得到了重建和深化,但它并没有采用代替或补充市场和政府"规则和调控"的形式,而是采取了隐含知识的形式。总体来讲,

社会资本与市场之间所经历的过程大体是：从经济活动根植于社会关系，转向社会关系根植于经济体系，从而形成一种有效互补的基本态势。

（二）社会资本促成交易"内部化"：非正式契约

社会资本通过提供规范和信任，促使原本应该由正式制度保障的交易行为转向由非正式制度保障的"内部"交易行为，即社会资本的存在使得在交易成本降低的基础上促成了内部交易行为的产生。这在一定程度上可以说是对市场机制的某种替代，但更可以说是交易主体之间由于社会资本的作用而达成了某种非正式的契约，并为各交易主体在生产安排、产品分配和资源共享方面形成了某种非制度化的共识。社会资本所具有的正外部性能够有效地补充产权的不完整性，从而确保市场交易的有效性，即在现实的经济活动中，原本基于产权界定不清晰的交易活动可能存在的交易无效率通过社会资本的作用实现了"内部化"，从而确保了市场交易的帕累托最优。事实上，在研究家族企业时可以发现，非正式契约不仅仅体现为嵌入人们价值体系当中的一般价值观念、意识形态等约束，还体现在家庭伦理、血亲血缘等方面。可以说，以血亲身份为纽带的人格化契约为特征的非正式契约在家族企业治理结构中占据着十分重要的位置，是一种建立在与生俱来的天然血亲关系上的永久性契约。尤其是随着家族以外资源的引进，家族企业的资本结构出现多元化的发展状态，基于相对疏松网络支撑的泛家族企业开始出现并大量涌入市场。企业治理结构中的非正式契约的机会成本相对上升，使得正式契约替代非正式契约的要求进一步增强，特别是劳动契约正式化成为企业发展的必需，但是正式契约的不完备也使得在该类企业治理结构中非正式契约作为重要的补充。

从另一个角度看，社会资本的存在虽然降低了企业的搜寻成本和履约成本，但对其过分地依赖却会使得原本这种交易内部化的便利演化成一种企业效率上的损失。如假定一个企业采用了一项资产专用性为 K 的技术，如果它仅局限在产生个体社会资本的社会结构范围内选择交易伙伴的话，大多数的情形下其专用性资产就会贬值，有时这一情况甚至更严重。从这个角度看，资产专用性效率的降低是企业动用个体社会资本的成本。如果企业跨出个体社会资本的社会结构在更大的范围内选择交易伙伴，在假设宏观的社会资本不足的情况下，企业就会增加搜寻成本和履约成本。所以，对于企业而言，是否使用个体社会资本是由这两类成本的大小所共同决定的。下面本书引用一个关于资产交易专业性的案例的图例（见图 3-2）来简要分析企业是如何在市场交易与"内部化"交易之间进行选择的。

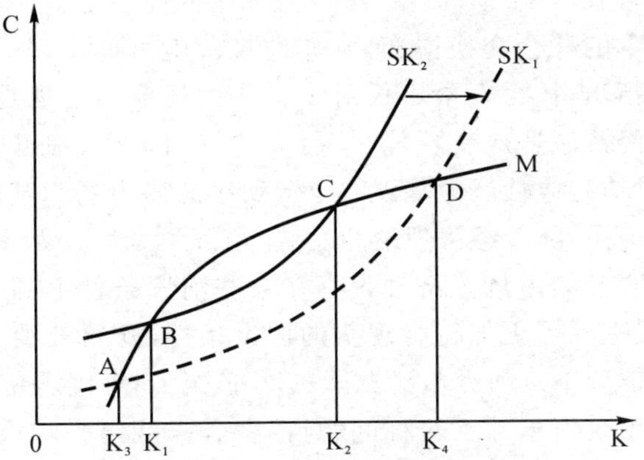

图 3-2　社会资本差异下的资产专用型

资料来源:刘仁军:《交易成本、社会资本与企业网络——关系契约理论的应用》,2004 年华中科技大学博士论文,第 81 页。

在图 3-2 中,SK_1 和 SK_2 线分别是企业在动用个体社会资本为 SK_1 和 SK_2($SK_1 < SK_2$)时的效率损失曲线,M 是企业不运用个体社会资本而完全在市场上寻找交易伙伴时的搜寻成本和履约成本之和。根据这两类成本的性质,在市场上搜寻成本和履约成本应该是资产专用性 K 的凹函数,而动用个体社会资本导致专用性资产的效率损失则是资产专用性 K 的凸函数。由此,得出图 3-2 的结论:第一,在个体社会资本为 SK_1 的条件下,当 $K_1 < K < K_2$ 时,企业才可动用个体社会资本,当资产专用性程度太低($K < K_1$)或太高($K > K_2$)时,企业到市场寻求交易伙伴是其理想的选择;第二,个体社会资本越大的企业越不倾向于在市场寻求交易伙伴,因为这种企业在更大的资产专用性范围内动用个体社会资本更为有利。因此,所谓社会资本使得交易内部化这种趋势确实并非发散的。

第二节　机会获取与信息发布的替代机制——"资源效应"

市场经济中,偏好各异、行为不同的各类主体通过"看不见的手"的作用纷纷进入到复杂却有序的生产供给和消费环节中来,这也是亚当·斯密所告知我们的关于市场的最大奥妙。青木昌彦通过对公共资源博弈,如灌溉系统或公路修建博弈的分析,指出:由于排除搭便车者的技术困难,合作性规范不可能自我产生;但同样的参与人如果同时参加一个能够产生足够规模的社会资本的社会交换博弈,合作性规范就可能出现。此外,他在比较制度分析中指出,社会资本不仅对于合作性规范的出现是必需的,而且可以促进传统经济域适应新环境;从更大的范围来说,理解社会资本的作用,可以帮助弄清楚以社区为基础的经济秩序向以市场为基础的经济秩序转型的过程。但是,随着经济理论的发展,经济学家们开始逐步意识到,原先教科书中所宣扬的市场经济理论存在某些前置条件上的不足。信息不对称问题、有限理性等更加符合现实的假设条件,开始被纳入到经典经济学理论的分析框架中。阿克尔洛夫早在20世纪70年代研究产品市场时就提出由于存在质量信息的不对称问题,消费者只能以平均质量定价,从而出现了低质量产品驱逐高质量产品现象,并导致市场萎缩和社会福利损失。在阿克尔洛夫的开创性研究基础上,诸多学者就金融市场、劳动力市场和保险市场的信息不对称问题展开了深入的研究。本书将讨论的主题聚焦在劳动力市场的不对称问题上。

一、社会资本与资源获取

本部分内容一方面从社会资本的"资本属性"出发,认为社会资本同物质资本和人力资本一样,对创业者创业初期的创业行为具有十分重要的启动支撑作用。另一方面,则是从信息不对称的角度展开分析,指出社会资本在降低劳动力市场的职位搜寻和工作匹配方面具有十分重要的信息支持功能。本部分的分析主要是基于以社会网络为主要表现形式的社会资本在创业及就业中的作用方向和影响机理。社会网络与物理网络之间存在着鲜明的差异,社会网络各个结点之间的地位、作用以及产生影响的方式是不对等的,即网络的各个节点所具备的信息传递、资源支持、示范效应等方面的能级方差较大,但随着时间的推移,这些能级方差较大的结点会随着网络内部资源共享、信息共享等程度的加深而逐步缩小。从这个意义上讲,社会网络具有矫正社会资源在网络内部分布不均的倾向。这是同质性网络可能带来的直接影响,也是避免社会资源走向两极分化的一种补充机制。但从另外一方面看,社会网络具有局部的封闭性,加上某一社会网络内部的资源具有一定的排他性,不同网络之间的社会资源可得量便会产生明显的差异,而这可能又在一定意义上加重了社会的分层和分化。因此,就社会网络的实际效应而言,存在两种不同的作用机理:一是组内的"共享机制",二是组间的"排他机制"。就是这两种机制的交互作用,使得社会出现公平与分化的力量分歧。具体作用于劳动力市场，就会出现职业选择和社会流动之间的差异。[①]

(一)社会资本与创业机会

事实上，创业是一种需要物质资本、人力资本以及社会关系网络共同作用而促成的一个系统工程，是人力资本和物质资本条件比较充分的条件下，个体在整合市场信息的基础上而做出的经济行为。社会网络与创业的理论和实证研究将在后续章节中予以深入分析，本章就社会网络作为创业资源获取的实现路径，突出社会资本作为支撑创业成功而提供机会与资源的功能定位。在现有的有关社会资本与创业的研究文献中，主要把社会网络视作社会资本的集中表现，认为社会网络是能够获取收益的社会资源，是由人与人之间长期互动而形成的具有稳定属性的关联体系，并且它作为一种非正式制度，从某种意义上还可以作为补偿市场机制的具有自我实施功能的机制。有研究表明，在广大农村，社会网络作为一种个人的特殊资本，有利于缓解贫困和提高收入。也有研究从社会网络可以缓解信息不对称角度切入展开分析，认为社会网络作为非正规金融的一种载体，可以有效活跃亲友之间的借贷行为，缓解农村正规金融服务不足的难题，从而间接促进农村自营工商业的创办和发展。也有研究把社会网络视作农民创业者从外部获得的重要资源，指出农民创业者所持有的社会网络的规模、关系强度影响对创业资源的获取具有正向作用，而创业者的网络活动对创业资源的获取则呈现出“倒U型”。一般而言，创业资源的整合是一个漫长而又困难的过程。但是在我国现行条件下，创业者却可以通过社会网络嵌入已有创业行为中，从而共享人力资本和物质资本，如浙江省有很多企业由家族化走向泛家族化，在市场信息共享、零部件的分工生产等方面，对亲缘、血缘关系的注重并没有消退的迹象。此外，体现强关系的社会网络还能给企业提供融资上的便利，从而弥补正式金融的不足。

(二)社会资本与职业选择

现实中，普遍存在着雇主和雇员信息不对称的情形，从而在很大程度上阻隔了雇主雇员间的最佳匹配。因此，自20世纪70年代开始，格兰诺维特提出了社会网络在职业选择和流动中的作用。在研究社会网络与职业

---

① 在共享机制的作用下，社会网络促使劳动者在搜寻职位、实现就业等方面降低了信息不对称程度，而在排他机制的作用下，社会网络使得网络内成员很难实现职业“突围”。

选择时，可以将其分为同质性网络和异质性网络，往往强关系更加倾向于同质性网络，而弱关系则更倾向于异质性网络。[①] 一般来讲，强关系具有相对的封闭性，因为网络内部成员所能提供的信息同质性程度高，从而使得同质性网络内职业机会的提供会呈现一个收敛的态势。相反，异质性网络内成员的职业身份差异性大，使得职业机会的提供会呈现出发散态势。如格兰诺维特就发现：通过相识得到信息的人都可以往地位和收入都较高的职业流动，而通过亲友得到信息的人则实现前述上向流动的机会就少得多。但实际情形中，一般由于搜寻和维持异质性网络的成本较高，在一定程度上限制了个人投资异质性网络的程度和频率。实际上，强关系、弱关系与同质性网络、异质性网络形成的不同组合方式对职业寻找的作用存在相当大的差异。我们用封闭性强弱与机会的敛散性来刻画四种不同类型的组合。（见表 3-2）

表 3-2　网络类型与职业选择

	同质性网络	异质性网络
强关系	封闭性强，不稳定收敛	开放性强，高度发散
弱关系	封闭性较强，平稳收敛	开放性强，不平稳发散

二、社会资本与要素流动

劳动力在生产经营行为方面是最重要的投入要素，而劳动力要素的市场化流动是表征市场经济发展水平的重要标志之一。我国目前的劳动力市场是一个非完全竞争性的市场，同时还存在严重的信息不对称问题。劳动力市场上的信息不对称直接导致企业、政府等经济主体不能有效地处理劳动力市场出现的各类问题，阻碍甚至扭曲了劳动力市场信息机制的发挥，弱化了劳动力要素的优化配置效应，从而使得整个社会福利出现损失。（见图 3-3）如果将社会上的劳动力供给划分为高社会资本 SC(H)与低社会资本 SC(L)，那么劳动力市场在完全竞争的劳动力市场工资水平条件下会出现雇佣不足的情况（$L''—L'$），这部分由于社会资本的差异而带来的劳动力市场的扭曲就是信息不对称带来的后果。正是社会网络的作用，使得雇员与雇主之间的桥梁不是通过劳动力市场搭建的，而是通过网络成员的信

① 长期以来，社会网络与职业获得方面的经验研究诸位为关系强度的判断所引导，而关于强关系和弱关系的论述详见格兰诺维特 1973 年《弱关系的力量》一文。

息互通作用实现的。这必然在某种程度上排斥了高质量却低社会资本的劳动力进入就业市场。从这个层面上来看,社会资本作为信号发布机制给整个市场带来的效应是消极的。

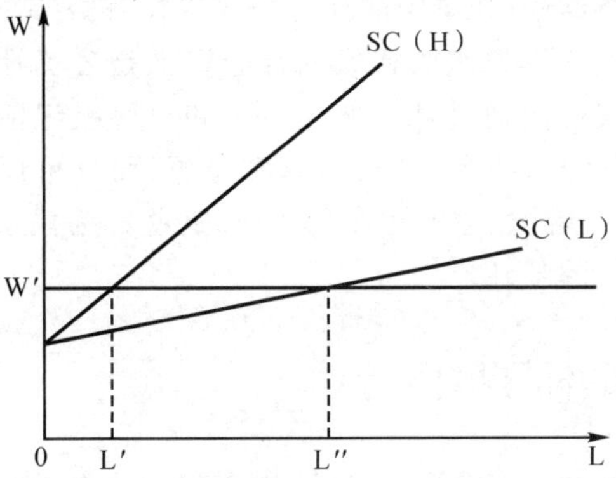

图 3-3　社会资本差异下的劳动力市场

此外,在面对劳动力市场的信息不对称问题时,斯宾塞提出教育是劳动力市场的重要信息,它可以有效反映劳动力的质量,发挥区分雇员类型的信息作用,而在我国不成熟的劳动力市场中,教育这种信息发布机制的作用十分有限,仍然会存在混同均衡和分离均衡。一般来讲,能力的信息发布机制比较顺畅,也较容易识别,而忠诚度的识别难度就比较大,如我国的职业经理人市场往往就是次品市场,因为很多优秀的职业经理人都已经过网络共享被吸纳掉了。但事实上,除了教育这类信息外,我国的劳动力市场还存在着信息发布的替代机制,即社会资本的存在对信息发布机制具有某种意义上的替代效应。具体来说,这种替代效应可以从以下两个方面来进行概括:一是以社会网络为代表的社会资本能够直接替代市场的筛选机制,为劳动力的异地流动提供工作机会和就业岗位;二是社会网络之间的联结,为剔除部分关于劳动力要素的负面信息而提供了渠道保障。

第三节　集体行动与内部治理的支撑机制——“组织效应”

早在19世纪,法国学者托克维尔在对美国民主制度进行分析时,就已经注意到公民自发建立的连属组织(Association)对培养民主意识、建立民主制度的重要作用,这一思想在普特南那里得到进一步发展。普特南指出，公民对于公共事务的自愿参与有助于产生自发的社会网络组织以及社会成员间的信任和规范，而后者即构成一个公民社会（Civic Society）所赖以生存的“社会资本”。尽管不少研究者（如奥菲和派克斯通等）并不同意普特南的一些具体结论（如美国的社会资本正在衰减等），但他们普遍同意以社会参与和自发连属组织为代表的社会资本是公民社会的“黏合剂”和“基石”。人们不仅可以通过社会参与行为和自愿组织活动更为积极地参与社会政治生活与公共事务、交流信息和思想，而且可以在自发形成的组织活动中自然地体验到民主的程序和实质，这些都为民主制度的建立和健康发展奠定了坚实的基础。

一、社会资本与集体行动

人类的集体行动一直存在困境，即完全理性的个人与集团化的共同利益之间的传送渠道并非完全对应。普特南在调查中发现，巩固的社会信任是从两个能够互相联系的方面产生的，即互惠规范与公民参与网络。其中，互惠是社会资本中最重要的一种规范，社会资本具有普遍互惠的特性使得其在某种程度上具有高度的生产性，并确保其是在统一规范约束下的行为共同体，从相当大的程度上限制和约束了个体的投机行为，有利于解决集体行动的难题。但同时也必须认识到，这种规范并非是法律强制保障实施的，相反它是道德的，是由一系列利益举动构成的。这种非法律的互惠规范却可以得到大多数成员的遵循，原因在于在一个密集的社会网络中，社会资本的大量存在能够促进个体之间的协调和交流，扩大声誉，从而能够孕育一般性交流的牢固准则，促进社会信任的产生。同时，致密的参与网络增加了不合作行为和欺骗行为的成本，使得人们在面临潜在的“集体惩罚”的约束条件下，不得不遵守长期演化形成的互惠规范。研究发现，那些具有强烈互惠意识的人往往倾向与他人合作并惩罚不合作成员，从而在某种程度上确保大多数的社会成员付出努力后得到合理的预期收益。可以说，互惠信任提供信息，互惠的共识不仅满足了人们的情感需要，还为采取集体行动提供了初始的社会资本。

社会资本理论的出现，从某种程度上实现了对集体行动理论的发展。从基本假设上看，社会资本相关研究采用了不同于经济学的理性人假设，或者说是采用了更为宽泛的理性人假设。奥尔森在讨论集体行动问题时，其方法论中所设定的理性人实质上是“低度社会化”状态下的个体。他认为经济利益是理性行为的最主要激励，而忽视了人们作为社会参与者还需要其他的物质要求之外的社会性需求。事实上，在讨论集体行动问题时，还应该看到对于集团内部的各个成员而言，彼此的交换行为不仅仅局限于经济利益，往往还可能形成各种非经济的关系网络。可以说，社会资本理论正是针对现有集体行动理论在某些方面的不足，使得理性个体部分恢复了所谓“社会人”的角色和属性，重申了社会关系在群体合作中的作用和影响，指出个体的经济行为决策总是嵌入在社会网络之中，个人参与集体行动的积极性并非只是考虑到简单的成本收益计算，而是会受到非经济激励之外的其他因素影响。集体行动理论并不考虑时间序列对集体行动的积极影响，只是局限于静态分析的特征，而社会资本理论则在时间属性上前进了一步，认为当期集体行动的达成会受到人际互动历史记录的影响，指出能够继承的社会资本会在某种程度上影响人们的自愿合作行为。

因此，事实可能是，人与人之间最初的合作往往是出于成本收益的计算，但随着群体成员间在逐步交往中有助于彼此互惠的规范或规则的产生，并借助社会化的方式实现代际传递，这些规范成为人们共同遵守的行为准则。正是这些在时间上具有继承性质规范的存在，使得人们在合作过程中受到了双重激励，群体内每个成员在彼此对规范的服从中获得了相应的利益回报。即使在不被人们充分理解的情况下，这些规范也能够对个体产生约束或强制作用。集体行动理论在描述参与成员的特性时，总是假定他们具有完全理性，在个体行为选择和集体物品生产函数的信息方面是完全充分的，而社会资本理论则更认可个体理性能力的有限性，指出人们由于受到知识有限等因素的约束，所以总是需要借助惯例、习惯等要素来实现人们的群体协作行为。此外，与集体行动理论所认为的只有通过实施选择性激励才能确保行动付诸实践不同的是，社会资本理论更强调自我实施的特性，认为行动的付出并不需要借助第三方的强制执行。在现有的理论架构中，即便是在意识到个体激励不足和协调环节过多等不利条件的情况下，集体行动理论论述的重点仍然是聚焦于如何改变个体的激励结构，而忽略了在如何降低集体行动组织成本方面的研究探讨。所以，在看到选择性激励能够发挥组织动员效能的同时，集体行动理论从某种程度上忽略了因实施选择性激励所支付的组织成本本身对集体行动产生的消极影响。从这个意义上讲，在重视交易成本与集体行动之间的关系方面，集体行动理论做得还远远不够。当引入社会资本这一概念后，学者们纷纷指出交易成本是集体行动的一个必然“副产品”，社会资本的理论实践提醒人们，必须充分认识到在人际互动中所产生的具有互惠性质的社会网络对于降低成员彼此间的交易成本具有十分重要的意义。社会资本理论的出现，从某种程度上说是对集体行动理论的扬弃，既有效传承了集体行动理论的总体分析框架，也深入涵盖了集体行动理论在某些现象解释方面上的死角。

二、社会资本与公共物品提供

公共物品本身所具有的非排他性和非竞争性，使得对这类产品的供给总是出现整体不足的情况，容易出现“搭便车”现象。基于以上原因，在讨论公共物品的提供问题时，我们总是首先想到政府是这类产品的唯一或者主要供给者。然而事实上，当着眼于我国的具体国情时，会发现由于特殊的历史文化以及公共财政发展相对滞后等因素的存在，作为公共物品提供主角的政府往往总是缺位，尤其是在广大的农村地区，农村公共物品的提供更是出现了绝对不足的现象，“政府失灵”经常性出现。奥尔森在集团框架范围内进行分析后认为，公共物品本身的特性决定了集团内部成员在为公共物品的生产或供应不支付或承担任何成本的情况下也能获得收益，导致“搭便车”问题的出现无可避免，并指出如果所有成员都选择“搭便车”，就会使整个集体行动陷入瘫痪。奥尔森同时还指出，在分析社会组织时，可以将其划分为大集团和小集团两种，他认为相比大集团而言，小集团在维护集体利益方面更容易产生一致的集体行动。其原因在于集团规模越小，集团内各成员之间更能彼此施加影响，成员之间有关集体利益的行为也更容易受到其他成员的监督。正是基于这一逻辑，当发现政府在公共物品供给方面存在缺陷时，嵌套于农村社会有机体中的关系网络可以凭借其容易对成员施加影响的能力，发挥小集团易于合作的优势，形成某种程度上的集体行动。

事实上，早在20世纪40年代，梁漱溟先生就有关于归纳中国农村社会基本特征的研究，他认为我国是一个具有显著伦理本位特征的社会，指出中国人的一生实存于各种关系之上，为各类关系所层层围绕并对关系资源做出积极反馈。目前，从某种程度上看，我国整个社会的传统社会资本仍然很强势，不同个体、组织利用血缘、亲缘、业缘等关系网络资源进行社会活动的现象依然普遍存在，这一点在相对封闭的乡村社会更加明显。在乡村社会内，拥有某种社会关系（如有从政或在大城市工作的亲戚）的村民的地位是很高的，因为其他村民也可以间接地利用这种资源获益。关系资源在农村公共物品供给过程中作用巨大。在现实中，农村的社会资本还可以对内部成员发挥激励作用，对成员的行为进行有效监督，克服“搭便车”现象。事实上，无论是以宗族、家族等为代表的传统型社会资本，还是以组织、协会、团体等为代表的现代型社会资本,它们从本质上都可以看作是具有某种相关性的小集团。在这些小集团内部的各个成员彼此熟悉,有一些共同认可的价值观念、行为准则或归属感,成员间的彼此监督具有实践层面的可操作性,从而可以减少成员在公共物品提供中的机会主义行为。

三、社会资本与内部治理

如何优化组织内部的治理机制,设计组织运行的有效模式是实现组织高效运转的重要议题,是包括企业、政党等在内的各类组织所要着重探讨和研究的理论与实践难题。从社会资本视角来探讨治理问题,其实是将社会、文化等因素纳入到治理问题的讨论之中。事实上,治理作为提高组织行为的重要实现方式,其基石是人际互动以及人们对合作行为的某种合理预期。社会资本的存在使得分散的个人通过网络、信任而凝聚在一起,产生社会合作,并且通过规范、秩序等保证合作行为的有效性。简单来说,社会合作本质是在信任的基础上,两个或者两个以上的个人或组织,为了实现共同的目标或完成某项共同的任务,通过彼此互动而形成的与社会网络渠道相联系的某种彼此约束和互利的行为。现有文献在讨论社会资本与治理问题时,主要是从信任这一角度切入,也得出了一些颇具学术价值和意义的结论。然而,如果社会资本对于治理问题的讨论仅仅停留在信任这一略显形而上学的概念上,则未免太过于笼统。

本书拟以乡村社会的内部治理为例,来突出社会资本作用于内部治理的机制与路径。首先,社会资本会影响村庄治理主体的选择。在现阶段,村两委一般是村庄内部的正式治理主体,而社会资本的存在,虽然不能改变村庄治理主体产生的方式,但可以通过有效的方式影响村庄治理主体产生的过程。在实践中可以发现,很多村庄治理主体往往是村庄范围内大宗族或大房族的代理人。这一点同我国家族企业的内部治理机制具有较大的相似性。其次,社会资本会影响村庄治理的结构,形成代表非正式制度的传统社会组织或结构会在某种程度上与村庄内部的正式治理组织之间形成紧密的关联。最后,社会资本的存在还会影响村庄治理的过程。一般而言,治理都处于某种架构之中,而村庄内部的治理却更多地近似自治组织。所以,与一般正式组织不同,这种带有协商性质的自治方式反而能够提升整体治理的绩效。

第四节 小 结

20世纪60年代“人力资本”概念的出现，使得物化的资本部分重新回归到人的价值，而“社会资本”概念的出现，则进一步将人际互动纳入了经济学分析的框架。本章从社会资本的众多功能中抽绎出其中的三重机制，并将其定义为三重效应。基本上，本章所阐述的社会资本与经济社会转型发展之间的三重机制和三重效应在后续章节上都有体现，如社会资本作为产权保护的替代机制在乡村产业兴起与扩张中有论述，社会资本作为信息发布的替代机制在社会网络与劳动力流动章节部分有论述，而社会资本作为市场化交易的某种替代机制更是贯穿了本书。事实上，社会资本在现代社会中所产生的作用远超出本文所总结的三重机制。就本书所讨论的范畴而言，在转型发展阶段下，正是社会资本的这三重机制和三重效应，在一定程度上保障了经济社会的平稳有序发展。同时，正确理解与把握这三重机理和三重效应，不仅有助于我们理解中国经济发展的特色和优势，从而推动我国制度建设的进程，还有助于我们进一步加深对经济社会发展动力的把握。

第四章　社会资本的“制度效应”：社会网络与产业发展

在相继强调了有形资本、人力资本和知识资本之后，某些经济学家现在把社会资本添加到增长的源泉之中。

——G. M. 迈耶

改革开放后，我国“先农村后城市”的全面经济发展取得了举世瞩目的成就，推动我国顺利步入中等收入国家行列。然而，随之而来中国经济发展如何避免陷入后起国家曾经普遍遭遇的“中等收入陷阱”①的困境，并顺利跨入高收入国家行列，已成为当下广大学者和政策制定者密切关注的关键性问题。浙江省作为东部沿海省份，市场化、工业化程度走在全国前列，其发达的民营经济成为全国学习的模范，同样其增长与转型的路径也是当下中国经济的一个缩影，值得进行深入解析。本章在简要描述浙江省经济历程的基础上，总结了浙江省经济兴起的主要原因，并将研究视角从宏观把握转向微观考察，从社会网络的视角对乡村产业的成长以及形成集聚的内在机理展开讨论。以社会网络为表现形式的社会资本在某种程度上成为产权保护与市场交易的替代机制，本书将由此所带来的效应定义为社会网络的“制度效应”。事实上，从产业的成长到实现集聚化发展是浙江省经济发展进程的一个核心特征，不同层面的产业集聚极大地激发了浙江省的市场活力，为本地经济的快速崛起提供了组织、模式和制度上的支撑。

---

① 2013 年 7 月 1 日，世界银行根据人均国民总收入水平做出的收入组分类如下：低收入为 1035 美元以下；下中等收入为 1036 美元至 4085 美元；上中等收入为 4086 美元至 12615 美元；高收入为 12616 美元以上。我国 2013 年的人均 GDP，接近 7000 美元，属于上中等收入阶段。收入陷阱是指一个国家（由于某种优势）达到了特定收入阶段后，出现投资比例低、人力资本积累缓慢、收入差距过大、增长模式转型不成功、劳动力短缺等特征，导致新的增长动力不足，最终出现经济停滞徘徊的一种状态。比如，南非和巴西几十年来一直苦苦挣扎于世界银行称之为中等收入的行列（2010 年其人均国民总收入约为 10000 至 12000 美元）。

在具体的研究过程中，作者观察了浙江省各县市大量专业村存在与发展的典型事实，通过田野调查和理论建模，结合社会资本的相关分析范式，就专业村的产业成长与演化进行学理性分析，并在基本理论分析的基础上进行了适当拓展，从而对产业“由点到面”的扩张轨迹进行了初步的微观描述。在进行专业村研究和分析的过程中，作者并不否认地理方位、资源禀赋在产业兴起、扩张以及形成集群发展态势中的重要性，而是指出在解释浙江省大量专业村或产业集群兴起的过程中如果遗漏掉社会因素（本书主要指社会资本或者社会网络）的作用可能会存在较大的疏漏。从这个意义上讲，本章可以视作是对已有研究的补充，而不是替代。本章总体安排如下：第一部分简要描述了浙江省经济的发展历程；第二部分从微观层面切入，以社会网络的视角，就产业的成长与扩张提供一个初步的理论解释；第三部分利用调研数据，对村庄层面上的工业发展情况进行了实证分析；最后一部分则是本章小结。与以往研究不同，本书试图结合浙江省的实践和经验，从社会网络视角就产业集群兴起的基本机理和演化过程做尝试性的探讨，从而试图在转型背景下加深理解和分析我国经济发展的奇迹，阐释转型经济发展的动力机制，为构建经济发展所需要的制度环境提供必要的参考。

第一节　产业成长与兴起的浙江经验

改革开放前，基于当时特定的国内国际形势，国家发展的战略部署整体偏向中西部地区，加上浙江省特殊的历史地理条件，国家在浙江省的投资很少，直接造成了在改革开放前浙江省工业面窄、量小、分散等局面。据统计，1953—1978 年间，浙江的全社会累计固定资产投资总额为 123.91 亿元，人均累计固定资产投资为 330.34 元，仅为全国平均水平的一半。1978 年，浙江省农业人口比重为 88.56%，比全国平均水平高出 4 个百分点；人均耕地面积为 0.74 亩，不到全国平均水平的一半；农业产值占总产值的比重接近 40%，高于全国平均水平接近 10 个百分点，而第三产业的发展也远低于全国平均水平。可以说，在改革开放前浙江省完全是一个以农业为主导、第一产业产值占比高、工业基础十分薄弱的传统农业省份。改革开放后，在市场化力量的推动下，浙江省经济迅速崛起并呈现持续高速增长的趋势。1978—2014 年，浙江省经济年均增速达到 10%以上。就总量而言，浙江省经济总量占全国经济总量的比重由 1978 年的约 3.5 个百分点，上升到2014年的接近6.3个百分点，占全国国民生产总值的比重翻了近一番。与此同时，2004年浙江省GDP总量首次突破万亿元大关；2005年浙江省成为全国第一个人均GDP超过3000美元的省区，并于2012年突破1万美元大关；2006年浙江省出口突破千亿美元。经过30多年发展，浙江省已基本实现了由农业经济向工业经济的转变，成为中国东部沿海地区经济发展最快、活力最强、经济总体实力最强的省份之一。浙江省经济迅速崛起的历史成就引发了学界的广泛关注，并因其独特的发展模式而被誉为“浙江经济奇迹”或“浙江经济现象”。

浙江省经济奇迹的产生既与浙江省以农村工业化为起点的产业大繁荣密切相关，也与宽松开放的外部市场环境密不可分，更多还依靠于微观层面产权制度改革，创新工作的持续推进与以中小企业为主体、特色产业为支柱、非正式金融为支撑的产业集群这种有效率的产业空间组织①的兴起与成长。

一、产业集聚的经济社会学溯源

浙江省地处中国东南沿海长江三角洲南翼，原为吴越之地，在漫长的历史演变过程中构筑出了特定的文化生态②。其中，相对封闭的地理环境造成了浙江人对开放与发展的需求，特定历史时期内外来人口的大量迁入促成浙江省形成了兼收并蓄的个性，面向大海的区位特点养成了浙江人富于冒险的精神特质，这些都成为浙江省在20世纪后半期经济社会快速崛起的重要历史基因。

关于产业集群的成因，已有大量学者分别从区位、制度、产业关联等方面进行了深入系统地分析，而经济社会学则主要是从根植性、社会网络、文化等视角展开阐述。在新经济社会学看来，产业集聚是基于特定区域的历史文化沉淀、以当地具有相对封闭性的社会关系为支撑而形成的，其深深嵌入于区域内的文化习俗、习惯、规范、信任等人格化特征较为明显的社会

① Douglass C. North在《西方世界的兴起》一书中就指出，有效率的组织是经济增长的关键，也是西方世界兴起的原因所在。

② 美国人类学家朱利安·斯图尔德于1953年在《进化和过程》一书中，首次提出了文化生态的概念。陈华文于《文化学概论中》指出：“文化生态的影响是普遍和深刻的，从表象上看，诸如衣饰打扮、饮食起居、交通方式等方面，都受到不同生态环境的制约和影响；从深层结构看，则人们的价值观念诸如对人生的态度、宗教信念观念、道德伦理等内容都有不同程度的受生态环境的作用和影响。”

架构中。

事实上,浙江省许多产业集群[①]历史都非常悠久,其形成往往与产业特定性知识、技艺工匠和产业氛围等低流动性要素的空间集聚有关。第一,产业特定性知识(Industry-Specific Knowledge):历史上形成的生产知识历经一代代后人的继承、发展与突破流传至今,除文本化的技术知识可以通过著书立作、正规教育等途径扩散之外,大量"只可意会,不可言传"的知识则与当地的文化相结合,形成一种只有身临其境才能潜移默化学习的意会知识(Tacit Knowledge)。这种意会知识,往往也是世代相传、历史积淀而成的产业特定性知识,因弥漫着浓厚的地方文化色彩,在地理空间的传播与扩散能力很弱,但孕育着产业集群的形成。第二,技艺工匠(Drafts or Arts):产业特定性知识的低流动性导致在这一地理区域内孕育出大量技术工匠从事这一产业的生产活动,从而使这一地理区域成为该产业在全国范围内的制造中心以及技艺高超的能工巧匠的集聚地。第三,产业氛围(Industrial Atmosphere):从事某一产业的技术工匠在特定空间的集聚使这一区域内人们的社会经济生活弥漫着一种浓厚的产业氛围。当地人几乎生活在一个露天的大工厂之中,工匠们从事生产操作的情景随处可见;孩子们从小就在耳濡目染中不知不觉地学习到许多这一产业的生产知识。同时,由于从事这一产业的工匠很多,这一区域往往因该产业而闻名,从事这一产业会受到当地人的尊重,人们把自己的孩子送到当地有名的工匠门下学艺成为一种很自然的职业选择。由于这种产业氛围已经与当地的文化、习俗等不可移植性要素融为一体,从而在空间上的流动性很弱,继而催生着产业集群的兴起。

二、浙江省产业集群的现状与特征

众多研究表明,浙江省经济奇迹的产生不仅仅依靠宽松开放的市场环境,还依靠微观层面产权制度改革与创新工作的持续推进,更依靠以中小企业为主体、特色产业为支柱、非正式金融为支撑的产业集群这种有效率的产业空间组织的兴起与成长。改革开放以来,产业集群在浙江省的兴起与发展壮大为浙江省工业经济的发展注入了崭新的活力,成为浙江省特色

① 有关产业集群已经有诸多不同的定义。本书认为,产业集群是以同类产品生产企业及相关机构在特定地理区域大规模集聚为主要特征,依托基础设施、信息、技术及劳动力等资源的共享,而形成庞大的配套分工协作、柔性制造和产业创新体系。

产业发展和浙江省经济奇迹的重要动力来源，尤其纺织业和电气机械及器材制造业等传统产业[①]的集群是浙江省产业集群中的一个重要组成部分。

据浙江省委政策研究室1997年的调查统计，浙江省产业集群产值超过1亿元的有306个，合计总产值2664亿元，亿元以上产业集群的平均规模为8.71亿元。而2001年6月调查显示，浙江省产业集群产值超过1亿元的有519个，超过60亿元的有25个，合计总产值约5993亿元，亿元以上产业集群的平均规模为11.55亿元。据2005年4—12月的大规模调查统计，截至2004年浙江省产业集群产值超1亿元的有601个，产值在10亿元—50亿元的有202个，50亿元—100亿元(不含50亿元)的有46个，100亿元以上的有37个；产业集群工业总产值15826亿元，占全省工业总产值的比重约为64%，亿元以上产业集群的平均规模达26.33亿元。《浙江区域经济发展报告(2009—2010)》显示，2008年全省共有年销售收入10亿元以上的块状经济312个，实现销售收入2.81万亿元，出口交货值6122亿元，从业人员831万人，分别占全省工业总量的54%、62%和56%。其中在312个块状经济中，年销售收入在50亿元以下有176个，占总数的56.4%；销售收入在50亿元—100亿元的有64个，占总数的20.5%；销售收入超100亿的有72个，占总数的23.1%，其中销售收入100亿元—200亿元的有46个，200亿元—500亿元(不含200亿元)的有19个，超过500亿元的有7个。

从区域分布看，2008年浙江省90个县(市、区)中，有82个县(市、区)拥有年销售收入超过10亿元的产业集群，约占总数的91%，产业集群成了浙江省区域经济发展的增长极。浙江省产业集群主要集中在环杭州湾和温台沿海地区，其中宁波市、杭州市、绍兴市、温州市和台州市的产业集群总量规模占全省的71%。从行业分布看，2008年浙江省分行业的产业集群中年销售收入超过1000亿元的行业有9个，超过1500亿元的行业有6个；其中，纺织业和电气机械及器材制造业内产业集群销售收入分别为5723亿元和3146亿元。从分行业从业人员数量看，浙江省纺织业产业集群共吸纳163.8万人，电气机械及器材制造业97.4万人，纺织服装业83.19万人，通用设备制造业73.36万人，皮革羽绒制造业69.46万人，交通运输设备制造业62.77万人。可见，浙江省产业集群主要集中在传统

① 传统产业主要指劳动力密集型的、以制造加工为主的产业，多为标准化大批量生产，是相对于信息产业、新材料产业等新兴产业而言的，主要包括钢铁、煤炭、电力、建筑、汽车、纺织、轻工、造船等产业。

产业。

现阶段，浙江省产业的集群化发展已经蔚然成势，也成为浙江省经济的最典型特征。传统产业的集群化发展构成了浙江省经济发展的最重要基础，传统产业集群发展过程中与商品交易市场的互动影响又是分析解读传统产业集群的重要切入点。总结回顾浙江省经济发展的历程，可以发现，依凭地方性知识和网络式资源的原发型企业成长模式以及相应催生的细密市场分工、蓬勃发展的专业市场在经济集群化发展和不断转换升级的贸易环境和贸易方式等方面都对浙江省经济的快速发展发挥了重要作用。总体来说，浙江省产业集群发展具有强本土联系、市场联动与地域关联等显著特征。

(一)强本土联系

浙江省许多产业集群的历史非常悠久，其形成往往与具有地域根植性质的低流动性要素在空间上的集聚密切相关。早在1949年以前，浙江省农村工业就是以家庭手工业和作坊生产作为微观基础，这也为1978年以后，“农村工业化＋专业市场”的“浙江模式”奠定了历史基础。改革开放初期，浙江省人多地少的实际情况，以及本地自古经商的文化传统，使得农民利用制度创新和市场创新，积极开办家庭工业，逐渐形成了区域特色块状经济。而当时所处的特殊经济时期给这些块状经济的发展带来了巨大的机遇，使其得以在短时间内迅速发展成长。浙江省大多数块状经济的生成模式就属于这种内源式自发成长型，如嵊州领带、宁波服装、余杭家纺、大唐袜业等。事实上，具有地域根植性或本地化倾向的低流动要素之所以在空间上集聚，很大原因在于浙江省山区相对封闭的生存生活环境而催生的社会网络的紧密性，一些地域化倾向明显的专业技能在时间上传承的同时不产生外溢。

相比较而言，广东省也是产业集群非常发达的沿海省份，如东莞市、佛山市、珠海市等皆有大量的特色经济园区，但其产业集群的起源与浙江省产业集群的“嵌入”特征具有明显的区别。主要表现在起源上的“嵌入”：其形成与当地原有产业之间没有明显的前后向联系，新的产品价值链是外生嵌入到当地的产业结构中的，因而集聚结构的边界明显；除起源的外生性外，集聚主体也较“原发型模式”更为外生，主要是外资或港澳台地区资本控股的企业，而当地企业常常处于边缘化的地位，很难通过前后向的联系纳入到外资企业的网络结构中。这使广东省的产业集群具有较高的流动可能，而浙江省的产业集群往往因扎根于本地生产网络而难以流动，主要包括：资本与资金要素，技术要素，劳动力要素，中间品与制成品等，都在集聚区发生高频率的流动。

（二）市场联动

浙江省产业集群与商品交易市场的互促共进发展十分明显。产业集群作为生产行为在空间上的集聚，与商品市场的互促共进机制尤其值得关注。与其他市场一样，商品交易市场[①]的一个基本功能就是通过集中披露厂商的信息（包括产品的外观、品质、价格等）来降低交易活动中的信息搜寻费用，从而全方位提高交易的频率和效率。商品交易市场在地域上的共存形成一个共享销售市场的同时，也促成了信息共享网络的构建，即企业通过交易市场的知名度、集中和及时反馈各种信息的功能来部分替代企业对自己的商标、品牌和信息搜索等方面的需求，从而节省完成单位交易量所需支付的市场交易成本。郑勇军也认为专业市场的信息集聚功能通过交易与信息之间的正反馈机制来体现和强化，即交易规模越大，交易越集中，信息就越丰富，信息搜索的成本就越低，而这又正向促进了交易的集中化和规模发展趋势。因此，交易规模与信息优势的循环累积助推作用扩大了专业市场，从而有效深化了浙江省经济社会的分工程度，并提高了专业化水平。

1978 年后，随着农村工业和乡镇企业的发展，商品交易市场在浙江省蓬勃兴起，成为推动浙江省农村工业化和产业集群发展的重要力量。20 世纪 80 年代初，以日用消费品为主的商品交易市场在浙江兴起，并迅速成为与当时以城市为主要服务对象的国营商业体系并行的、以农村为主要服务对象的商品流通体系。浙江省的商品交易市场与当地产业集群的中小企业联系十分紧密，并依托产业集群形成巨大的商品流通网络，两者相互促进、共同发展，都为浙江省经济的快速发展提供了坚实的保证。产业集群逐渐形成“专业化分工生产体系＋国际性商贸市场为主的生产性服务体系＋城市空间发展体系”的发展模式，推动着工业化、市场化、城市化相互促进、相互提升，并越来越成为浙江省产业集群的主导组织形态。如义乌和路桥小商品市场、海宁皮革城、绍兴柯桥轻纺市场、永康科技五金城等一批国际性商贸市场，在与工业化、城市化的互动中形成和发展，在省内外和国际市场中都发挥了重要作用。浙江省各类区域性商品交易市场与集群互动发展，促进了市场大省与产业集群的共同提升。

---

① 浙江学者习惯于用“专业市场”这一提法，国内相关统计年鉴则采用“商品交易市场”这一名称。

事实上，浙江省商品交易市场的发展在改革开放后一直处于全国领先水平。1979年，浙江省商品交易市场成交额与GDP的比值为7.16%；而当时全国商品交易市场成交额与GDP的比值为4.51%。2010年，浙江省亿元以上商品交易市场成交额与GDP的比值为41.82%；全国亿元以上商品交易市场成交额与GDP的比值为18.12%。在这30多年中，浙江省商品交易市场成交额与GDP的比值一直保持在全国平均水平的2—3倍。这充分表明浙江经济发展对商品交易市场的依赖程度远高于全国其他省区，商品交易市场在浙江省农村工业化和产业集群发展过程中扮演了十分重要的角色。①

(三)地域关联

浙江省传统产业集群的"原发型"特征使得省内各县市之间形成了紧密的地域分工和配套协作体系，这极大地推动了产业链的延伸与拓展。同时，地域上的分工协作关系还通过外部经济为产业集群发展提供稳固的分工协作网络，促进区域间产品差异化发展，提升浙江省传统产业集群的竞争力。目前，产业集群已在浙江省"遍地开花"，形成色彩斑斓的集群"马赛克"，且这些集群"马赛克"并非彼此孤立，而是相互之间存在上下游关联，在地域之间形成了紧密的配套分工协作。例如，2008年浙江省90个县(市、区)中，有82个县(市、区)拥有年销售收入超过10亿元的产业集群，彼此之间形成了紧密的配套分工协作体系。浙江省委政策研究室于2005年进行的系统调查发现，浙江省纺织类产业集群跨区域发展趋势十分明显。

此外，浙江省产业集群空间发展的形态呈现出多个层次②，且这些不同层次的产业集群在空间中具有一定的关联性，在产业的前后端方面也有紧密联系。产业集群的密集使得集群之间形成了产业链分工，在浙江省内构成了完整的上下游产业关联，再加上义乌小商品市场的"窗口"作用，使得产销链在一个地区内深度整合，极大地降低了交易成本。另外，地缘上的亲近还使得民间金融可以通过产业链与订单流动作为生产性融资手段进入集群中的中小企业，进一步助推了产业集群的形成、发展与升级。

---

① 同时，随着经济总量不断扩张，商品交易市场这种共享式交易组织的相对重要性开始逐步减弱。这种趋势似乎在告诉我们，商品交易市场这种共享式交易平台在商品流通过程中发挥的作用可能是有限的。随着经济规模的扩大以及国内市场一体化程度的提高，对企业而言，其他具有更高固定成本和更低边际成本的交易组织将逐渐凸显出优势，形成对商品交易市场的竞争和替代之势。

② 主要县域型和镇区型产业集群、跨县域型产业集群以及市域型产业集群。

第二节　产业成长：基于社会网络视角的分析框架

本节试图从经济社会学角度对产业集群产生的原因进行解读。按照田士健的观点，产业集聚其实就是产业衍生到一定程度所形成的必然结果，产业衍生在特定地理范围内更加易于发生，正是基于衍生企业更能从元企业处获得资源。所获得的资源一类是能为企业所拥有的，能为企业创造内部租金的资源；另一类则是存在于产业集聚之中，不为企业所持有，但能为企业带来关系租金和溢入租金的资源，包括企业的网络资源或外部资源。我们在实地调查研究过程中也发现，在浙江省的许多县市，正是以村或镇为基本单位，从一两个家庭作坊开始，经过无数次的扩展和提升，发展成为集生产、研发、销售为一体的本地支柱性产业，并经过更进一步的市场升级和产业链优化拓展，最终形成高度专业化的中小企业群。这个由一点到多点，并从多点到面的拓展，看似无序却又有序，隐含着某种内在规律。我们认为，研究浙江省经济奇迹或者探讨浙江省产业集群形成的内在机理，不能忽视这一由点到面的外向拓展过程。可以说，正是这一拓展过程的自然顺畅，才使得浙江省经济率先实现腾飞。因此，正确分析和理解“家庭—市场”的外向拓展过程，是我们打开产业集群之谜的第一把钥匙，也必将为研究经济增长特别是中国经济的发展提供一个具有中国本土特色的新解释。

正如前文所述，历史人文因素对浙江省产业集聚区的形成至关重要。将产业集聚区划分为“原发型”和“嵌入型”两种有利于进一步认清产业集中发展的动因或者发生力。（见表4-1）产业的发展都存在产业特定性要素和重叠性要素的竞争。前者在特定地理空间的大规模集聚解释了产业集聚区的起源与演化，而产业特定性要素之所以在特定地理空间上产生集聚主要源于其低流动性。产业氛围可以在一定意义上解释产业进一步扩散的动力，小孩子从小耳濡目染，生产行为到处可见，茶余饭后谈话的主题等都在启示着当地的特色生产。

表4-1　原发型与嵌入型产业集群的简单比较

集群类型	集聚起源	技术水平	本地产业关联	可迁移性
原发型（浙江）	内生	较低	较强	不易
嵌入型（广东）	外生	较高	较弱	较易

用宗族、亲族之间的互动以及形成的超市场关系来解释特定历史偶然事件中形成的经济集聚现象，这既有理论意义，又有现实意义。有证据显示，在经济集聚地带更容易实现产品的差别化，使得企业更能顺应市场需求。这首先是因为产品之间的不完全替代性，而企业数目的增加有利于发展差别化产品，使得在特定空间内现存的企业之间更容易产生差异化竞争的产品。用文化、习俗的不可移植性解释特定地域上的资本的不流动显然有些笼统，需要将其落实到具体的对象上，而我们发现的血缘、宗族关系恰恰是因历史的沉淀，在空间上基本不具有流动性。除非某地的流出人口超过一定数量，使得宗族、血缘关系离开地理空间位置发生转移，否则这种基于宗族传承下来的社会互动网络不容易发生整体迁移。基于血缘、宗族关系的社会网络具有相对稀缺性，在特定地理空间位置的社会网络具有特定的容量，一旦对社会网络资源的使用超过该容量，则必然向市场或者网络外资源进行延伸，这就使得在保证网络内发展顺畅、结构稳定的同时使得网络外的市场扩散得到开展。

一、社会网络的价值

在经典经济学理论的框架中，假定个体主义的经济分析理论中，行为主体追求自身收益的最大化会导致合作与信任的自然生成。但这显然是一个值得商榷的结论，尤其现代产业集群现象的出现使得人们进一步思考产业集群形成的微观机理，越来越确信必然有一种市场之外的社会文化力量促成了该现象的生成。传统的基于社会孤立而展开的经济行为分析并不能充分解释现代经济现象的产生，特别是在解读具有深厚传统根基的中国经济发展时，更需要挖掘经济行为背后的社会动因。这促使人们开始反思突破原有的理论框架，尝试舍弃行为主体互动影响的假设条件，将行为主体之间的互动网络引入经济行为的分析中，以更好地从微观层面上去解释诸多宏观现象，从而在加深理解经济现象的基础上，更好地制定经济制度，实现经济的长期增长。

目前，我国处于转型发展的重要时期，制度建设尤其是法制建设的相对滞后性，使得我国处于一个信任度相对较低的社会状况之中。在机会主义有泛滥趋势，而法律约束又鞭长莫及的情形下，正确理解社会网络并将其作为非正式规则发挥其约束和引导经济有序发展的作用具有极大的现实和理论意义。旨在降低同政府交易成本的商会暗流涌动、职业经理层迅速萎缩、人格化交易持续泛滥，这些都印证了社会网络或社会关系对正式产权制度具有某种程度上较强的替代性。同样,在转型经济体中,由于缺乏第三方的强制实施,具有自我实施特性的人格化交易也俨然成了某种替代机制。而在社会学家看来,社会网络是社会关系的一种有效体现,是连接不同层级社会关系和构建社会结构的基础,是反映社会结构及其变迁的重要层面,是一个经济体有效运转的基本支撑,是有效连接各个行为主体从事经济活动的主要载体。社会作为一种客观存在,能够充分调动各类经济资源,推动构建经济组织以实现各类资源(包括制度)的有效配置。从社会互动出发分析经济现象,就是在宏观绩效与微观行为之间搭建桥梁,其实也为宏观经济现象提供了更加坚实的微观基础,属于宏观经济的微观分析,同时也是微观经济的宏观拓展。

本书遵循布尔迪厄关于社会资本的界定,将社会网络视作社会资本的一种体现,认为社会网络的规模和有效性在某种程度上测度了社会资本量的大小。因此,本书将社会资本和产业兴起与发展的关联研究迁移到社会网络与产业集群的关联研究上,指出社会网络从微观层面上保证了产业的兴起与扩展。网络作为一种连接不同节点的纽带,现有相关研究主要关注以下三个方面:一是网络作为人格化和私信息进行处理;二是网络作为一种无形契约处理;三是物理学意义上的网络。与物理网络相比,社会网络作为联结不同个体或群体的纽带,其边界并非是无限延展的,而必然存在一个“上限值”。在估计社会网络价值时,首先必须引进评估网络价值大小的方式。本书在这里将计算机领域著名的蒙特卡夫法则应用到社会网络价值的研究之中。[①]

蒙特卡夫法则认为,网络的价值以用户数量的平方速度增加,$V=kN^2$,其中,$k\geqslant 0$,$N\in\{0,1,\cdots,n\}$,即每增加一个投入单位,不仅能得到投入者应有的报酬,而且还能得到超过该投入以外的收益。蒙特卡夫法则的核心思想是“物以多为贵”,其背后的理论是网络的外部性,即使用者越多,对原来的使用者而言,其效果不会如同一般经济财产随使用人数增多而被稀释一样,相反其效用还会相应增大。以此为参照,我们构建出社会网络的蒙特卡夫法则,认为一个社会网络的期望价值:$E(V_N)=\rho^{A_N^2}\cdot KN^2+(1-\rho^{A_N^2})\cdot 0=\rho^{A_N^2}\cdot KN^2$,其中 ρ 为人和人之间的信任度,$\rho\in[0,1]$,N 为社会网络的人数,V_N 为 N 个人的社会网络的价值。结合对现实的观察和理解,我们认为 N 对于社会网络期望价值具有正反两种作用。这里我们对社会网

---

① 1980 年,“以太网之父”蒙特卡夫提出的有关网络正效应的评估方法,本书认为可以引用到社会网络的研究领域予以拓展分析。

络期望价值进行一阶求导，得到以下式子：

$$\frac{\partial E(V)}{\partial N}=\rho^{A_N^2}\ln\rho(\frac{n-1}{2}+\frac{n}{2})\cdot KN^2+\rho^{A_N^2}\cdot 2KN$$

注意由于 $\rho\in[0,1]$，所以第一项为负，其含义为随着人数增多，导致基于信任而连接的社会网络的维系概率降低，这会使社会网络价值呈现降低的趋势；第二项为正，其含义为随着社会网络人数增多，使得社会网络规模增大，从而使社会网络的价值有增大的趋势。事实上，这样的判断完全与现实情况相符合。任何一个社会网络并非总是可以无限扩张，维系网络紧密程度的难度必然随着人数的增加而上升。因此，最佳社会网络边界在 $E(V_N)=E(V_{N+1})$处达到，即当扩大该社会网络的人数不再增加该社会网络的期望价值时，一个社会网络达到最有效规模，此时满足：

由，$\rho^{A_N^2}\cdot KN^2=\rho^{A_{N+1}^2}\cdot K(N+1)^2$，可得，或 $N^*=\frac{\rho^N(\rho^N)^{1/2}}{1-\rho^N}$，或 $N^*=\frac{\ln\rho+\sqrt{(\ln\rho)^2-32\ln\rho}}{4\ln\rho}$。容易知道，$\frac{\partial N^*}{\partial\rho}=\frac{4}{\rho\ln\rho\sqrt{(\ln\rho)^2-32\ln\rho}}<0$。

这就是说如果人与人之间的信任指数越低，那么最优社会网络规模也就越低。

二、产业成长与发展的微观机理：理论模型

作为一种演化系统，每个产业都有其成长的轨迹。从广义层面上而言，产业成长包括了产业成长的动力机制、模式选择以及成长中的创新等内容。探究产业成长与发展的微观机理恰是广义层面上产业成长关注的主题。事实上，任何产业的成长都离不开一个起点，把握从起点开始的演化方式和演化规律以及支撑这种演化背后的基本动力，有助于我们真正从根本上掌握产业成长、演化的趋势。比如对于浙江省等以农村工业化为起点实现工业化、城市化发展的省份而言，以农村产业的成长与演化扩张为基本动力并最终形成集群发展态势，是实现经济腾飞的关键。

自从发展经济学领域引入社会资本概念后，为解读产业的成长兴起与最后形成集群发展的态势提供了一种崭新的范式。社会资本作为一种社会习惯与固有传统的混合体，在传承、转型和流动中实现了功能发挥，尤其在正式制度安排难以有效规范人们行为和维护有效人际互动时，社会资本更是弥补了正式制度的不足。此外，以社会网络为主要特征的社会资本，具有很强的学习效应和信息传递效应，在很大程度上保证了网络内部成员

之间的信息共享与互动学习，促进了产业根据差序格局的扩张。一些文献正是从社会文化和历史条件等方面研究产业集群的形成机制，指出了网络效应的重要性。有文献指出，在意大利，小而新的企业喜欢由社会网络支撑而带来的高度稳定性，这样企业规模小而带来的劣势可以由企业之间的空间集聚来补充，以获得长期发展。现有一些欧洲文献也专注于社会网络和集群在培育中小企业，尤其是一些传统制造业方面的作用，指出地理集聚和社会网络成为影响企业活动的重要因素。此外，在社会资本与产业集群两者的关联研究方面，也有学者从社会资本影响产业集群的形成、人力资本产权界定、非正式金融供给、技术创新、交易成本降低以及治理机制创新等角度进行了深入阐述，这些研究开启了从社会学领域切入研究产业集群形成机理的先河。我们认为，挖掘产业兴起与实现集群化发展背后社会学意义上的动因，对于加深理解产业兴起和有效推动产业的有序扩展具有极为重要的现实意义，尤其能为我国顺利实现经济社会的转型发展提供科学的借鉴。

格兰诺维特提出的镶嵌理论指出，经济行为镶嵌于社会关系网络之中，认为社会网络关系通过不同的渠道和机制影响着经济行为的具体方式，并指出经济动机和非经济动机的错综关系。社会网络的存在使得企业的经营并不一定选择最能盈利的，但肯定选择风险最小的，即社会网络是经营风险的“化解器”。同时还指出，强关系是群体内部联结的最重要纽带，是实现行为一致化的最重要保障，但依靠强关系而获得的信息重复性高。相反，弱关系则建立了群体之间相互沟通的纽带，它提供的信息重复性低、异质性程度高，充当着信息桥的重要角色。从个体的角度讲，弱关系在创造可能的流动机会中是一种重要资源；而从社会宏观角度讲，弱关系对影响社会凝聚力发挥重要作用。职业流动的社会网络主要是由亲属和朋友两类强关系构成，社会网络发挥作用的形式以提供人情为主，以传递信息为辅。这些作用在转型经济时代尤为突出，边燕杰在对中国内地的经验调查研究的基础上强调强关系假设，他认为在以伦理为本位的中国社会条件下，信息的传递往往是人情关系的结果，而并非其原因；中国的人情关系是人情交换关系，此关系通常是强关系，而并非弱关系。不过，相比弱关系的不确定和不可预期性，强关系有利于行动者之间信息的流动与传播，容易使行动者对相关问题取得共同理解，获得共同信任，减少机会主义，提高企业间关系的稳定性，树立长期的互惠观。为此，本书从社会网络的基本认知出发，以理论演绎的方式来论述社会网络与对产业兴起与扩展的基本演化路径，从理论上厘清以社会网络为代表的社会资本影响产业成长的实现方式。

首先，我们提出下述定理 1：

a. 产业的扩张遵循社会网络的延伸次序，形成差序扩张格局。[①]

b. 社会网络是产业兴起与最终形成集聚的重要原因之一。用 d 刻画社会关系的距离，$d\in[0,1]$，$d=0$ 表示关系距离为 0，即自身，而 $d=1$ 表示完全陌生，$d\in(0,1)$ 表示相互认识，且熟悉程度随 d 的增加而下降。N(d) 表示处于社会关系网距离为 d 的人数，从社会网络的构成来看，有 $\frac{\partial N}{\partial d}>0$，$\frac{\partial^2 N}{\partial d^2}>0$，$N(0)=0$，$N(1)\to\infty$。

出于理论分析的需要，本书特提出以下几大假设条件：

假设一：ρ 为生产者合作的概率，$\rho=\rho(d)$，$\frac{\partial \rho}{\partial d}<0$，$\rho(0)=1$，$\rho(1)=0$；

假设二：t 为市场需求扩大的可能性，$\theta=\theta(d)$，$\frac{\partial \theta}{\partial d}>0$，$\theta(0)=0$，$\theta(1)=1$；

假设三：α 为单个生产者能扩大的市场需求规模增量；

假设四：个体生产者的生产能力的上限为 A；

假设五：产品市场需求函数为 $Q=a-p$；要素市场供给函数为 $X=-b+c$，其中 X 为要素市场供给量，b 为要素供给的保留价格，c 为要素价格；

假设六：生产函数为里昂惕夫型，$y=f(L,K)_{\mu}\cdot\min(L,K)$，对于一个元节点(Metanote)有：

$$\max\pi^{O}=Pq-cx=(a-q)q-(b\frac{q}{\mu})(\frac{q}{\mu}) \tag{4-1}$$

用公式 4-1 求一阶导数，可得最优产量为：

$$q^{*}=\frac{a-\frac{b}{\mu}}{2(1+\frac{1}{\mu^{2}})}$$

出于实践与理论相匹配的考虑，本书将元节点处生产者在扩大生产时的行为分为两大类型，第一种情况是不寻求外部协助，即所有的产品由一个生产者全部完成。

此时，元节点 O 选择生产 $A(A<q^{*})$ 的产品，市场价格为 $P=a-A$，利

---

① 中国人常说的三亲六戚。第一，就是宗亲，指同一祖先的亲人，以及他们的配偶。这是与自己同一姓氏的最亲近的血缘关系。第二，是外亲，指母亲方的父母及兄弟姐妹。第三，是妻亲，即妻子的直系亲属。一般而言，个体与宗亲成员的社会距离相对是最短的，其他类推。

润为 $\pi^{OI}=[A(1+\frac{1}{\mu^2})]$。

第二种情况则是元节点处的生产者寻求外部协助，此时有：

$$q=\frac{a-\frac{b}{\mu}}{2(1+\frac{1}{\mu^2})},p=\frac{a+\frac{2a}{\mu^2}+\frac{b}{\mu}}{2(1+\frac{1}{\mu^2})},\pi^{OII}=\frac{(a\mu-b)^2}{4(\mu^2+1)}>\pi^{OI},$$

同时确定了下一期的供给者数量，$n=\frac{q}{A}=\frac{a\frac{b}{\mu}}{2(1+\frac{1}{\mu^2})A}$。

在选择外部协助时，元节点以外的人员参加生产活动，将产生该范围内的知识外溢，从而必然在下一期形成市场分享的局面，不同社会距离的人将会对市场分享的形态产生概率意义上的影响，即形成串谋的概率不同，记不同生产商之间串谋进行垄断的概率为 Prod，则有：

$$Prob^m=\prod_{i=1}^{n}\rho(d_i)=1\cdot\prod_{i=2}^{n}\rho(d_i)=\prod_{i=2}^{n}\rho(d_i),$$

此时形成联合垄断的利润为 $\pi^M=q^M P^M-c^M x^M$，

其中，$P^M=a+\sum_{n-1}\theta(d)\cdot a-Q^M;c^M=b;x^M=\frac{q^M}{\mu}$，

从而有 $\pi_i^M=\frac{Q^M}{n}[a+\sum_{n-1}\theta(d)\cdot a-Q^M]-\frac{b}{\mu}\frac{Q^M}{\mu}$，

对上式求一阶条件：$[a+\sum_{n-1}\theta(d)\cdot a-Q^M]-Q^M-\frac{b}{\mu}=0$，

可得单个厂商的产量，市场总产量，均衡的商品价格以及要素供给量分别为：$Q^M=\frac{a+\sum_{n-1}\theta(d)\cdot a-\frac{b}{\mu}}{2},q^M=\frac{a+\sum_{n-1}\theta(d)\cdot a-\frac{b}{\mu}}{2n}$；

$$P^M=\frac{a+\sum_{n-1}\theta(d)\cdot a+\frac{b}{\mu}}{2},x^M=\frac{a+\sum_{n-1}\theta(d)\cdot a-\frac{b}{\mu}}{2}。$$

从而对于一个元节点的生产商而言，其利润为：

$$\pi^M=\frac{a+\sum_{n-1}\theta(d)\cdot a-\frac{b}{\mu}}{2n}\cdot\frac{a+\sum_{n-1}\theta(d)\cdot a+\frac{b}{\mu}}{2}-b\cdot\frac{a+\sum_{n-1}\theta(d)\cdot a-\frac{b}{\mu}}{2\mu n}=$$

$$\frac{\left[\frac{a+\sum_{n-1}\theta(d)\cdot a-\frac{b}{\mu}}{2\mu n}\right]^2}{4n}。$$

接下来我们分析不存在厂商之间进行串谋的情况，此时对于单个厂商来说，其利润函数为：

$$\pi_i^C = q_i^C\left[a+\sum_{n-1}\theta(d)\cdot a-q_i^C-\sum q_{-i}^c\right]-\left(\frac{q_i^C+\sum q_{-i}^c}{\mu}+b\right)\frac{q_i^C}{\mu}$$

由一阶条件可得，单个厂商的产量、市场总产量、均衡的商品价格以及要素供给量和要素价格分别为：

$$q^C=\frac{a+\sum\limits_{n-1}\theta(d)\cdot a-\frac{b}{\mu}}{(n+1)(1+\frac{1}{\mu^2})},Q^C=\frac{\left(a+\sum\limits_{n-1}\theta(d)\cdot a-\frac{b}{\mu}\right)n}{(n+1)(1+\frac{1}{\mu^2})},$$

$$P^C=\frac{a\mu^2+2a+(n-1)a-an\mu^2\sum\limits_{n}\theta(d)+nb\mu}{(n+1)(\mu^2+1)},$$

$$X^C=\frac{\left(a+\sum\limits_{n-1}\theta(d)\cdot a-\frac{b}{\mu}\right)n}{(n+1)(\mu+\frac{1}{\mu})},$$

$$c^C=\frac{a\mu n\left[\sum\limits_{n-1}\theta(d)\right]+b(n\mu^2+\mu^2+1)}{(n+1)(\mu^2+1)}。$$

将以上各式代入公式 4-1，可得厂商利润为：

$$\pi^C=\frac{\left[a+\sum\limits_{n-1}\theta(d)\cdot a-\frac{b}{\mu}\right]^2}{(n+1)^2(1+\frac{1}{\mu^2})}。$$

显然，对于技术扩散者 O 而言，其决策在于最大化期望收益：

$E(\pi)=\mathrm{Prob}^M\cdot\pi^M+(1-\mathrm{Prob}^M)\cdot\pi^C$，

$$\prod\rho(d)\times\frac{\left[a+\sum\limits_{n-1}\theta(d)\cdot a-\frac{b}{\mu}\right]^2}{4n}+\left[1-\prod_{n}\rho(d)\right]\times\frac{\left[a+\sum\limits_{n-1}\theta(d)\cdot a-\frac{b}{\mu}\right]^2}{(n+1)^2(1+\frac{1}{\mu^2})}=$$

$$\left[a+\sum_{n-1}\theta(d)\cdot a-\frac{b}{\mu}\right]^2\cdot\frac{4n+\left[(n-1)^2+(\frac{n+1}{\mu})^2\right]\prod\rho(d)}{4n(n+1)^2(1+\frac{1}{\mu^2})}。$$

由 $E(\pi)$ 对 d 求导可得：

$$\frac{\partial E(\pi)}{\partial d}=8n+\left[(n-1)^2+(\frac{n+1}{\mu})^2\right]\left\{2\sum\theta'(d)+\left[a+\sum\theta(d)\cdot a-\frac{b}{\mu}\right]\cdot\frac{\rho'(d)}{\rho(d)}\right\}=$$

$$8n+\left[(n-1)^2+(\frac{n+1}{\mu})^2\right]\left[2(n-1)+(a+a\sum d-\frac{b}{\mu})\cdot\frac{1-n}{1-d}\right]<0。$$

即未来的期望利润额随着 d 的增加而减小,因而如果元节点选择寻求协助,必定从最小的 d 开始,即从关系最近的人开始扩展。这一结论又明显符合现实中生产者选择合作者时的行为逻辑,即根据差序法则,由近及远地将自身之外的合作方纳入自己的合作网络之内。第一期的选择对于未来的影响在于利润贴现额的变化,首先考察单期的利润变化:

$$\pi^{OI}-E(\pi)=\frac{2an-\frac{(2n-1)(a\mu-b)b}{\mu^2}}{4n^2(1+\frac{1}{\mu^2})}-\left[a+\sum_{n-1}\theta(d)\cdot a-\frac{b}{\mu}\right]^2\cdot\frac{4n+\left[(n-1)^2+(\frac{n+1}{\mu})^2\right]\prod\rho(d)}{4n(n+1)^2(1+\frac{1}{\mu^2})},$$

$$\min[E(\pi)-\pi^{OI}]\approx\frac{2an-\frac{(2n-1)(a\mu-b)b}{\mu^2}}{4n^2(1+\frac{1}{\mu^2})}-\left[a+(n-1)\cdot a-\frac{b}{\mu}\right]^2\cdot\frac{4n}{4n(n+1)^2(1+\frac{1}{\mu^2})}。$$

从而对于元节点而言,选择关系最近的人协助生产较自力生产是更合理的选择。

继而在第二期,元节点由一个变为 n 个,$n=\frac{a-\frac{b}{\mu}}{2(1+\frac{1}{\mu^2})A}$,每一个的行为同第一个元节点一致,从而定理 1. a 得到证明。生产活动遵循社会网络由近及远地延伸,最终形成差序扩张格局。而从以上的分析中可以看到,模型中并没有涉及天然禀赋与资源优势,最终集聚产业的形成依赖于社会网络内较高的信任度而形成的垄断与资源共享,因而命题定理 1. b 得到印证。

我们在对浙江省一些县市产业发展进行具体调研的过程中也印证了本书上述理论分析。在浙江省诸多县市的制造业中,在分工点面上都已蔚然成势,但是在分工的层次上,依照亲族距离的远近,分包着整品的不同零部件生产和加工。同样,基于社会网络的产业兴起与扩展分析,也在传统的经济地理学和新经济地理学框架之外。因此,从某种程度上说这也可以视作丰富了产业集聚的理论成果,对原有产业集聚理论提供了具有中国特质的补充。尤其是在转型过程中,法律等正式制度的确定和执行存在时滞而经济生活却日益复杂化的情形下,必然需要潜存于社会之中的自有资源发挥支撑经济发展的角色。

三、社会网络下的制度变迁:对理论模型的拓展分析

非正式制度与正式制度之间并非一成不变。相反,随着约束条件的逐步改变,原先界定为非正式制度范畴的诸项规则会逐步演变成为正式制度。这在具体的实践中,主要分两种情形:一是非正式制度融入和强化(或者销蚀)现有正式制度;二是非正式制度推动产生了新的正式制度。在产权制度欠缺的条件下发挥知识产权保护作用的社会网络,随着市场的扩大和网络外竞争压力的增强,自我设施的能力得到稀释和挤压,维持原有网络制度保护功能的成本将急剧上升,且整体上不符合市场经济发展的大潮流,在这两种力量的作用下,厂商在产权保护上的诉求必然转向来自法律制度的保障机制。

为进一步推进理论分析,本书还提出定理 2:

a. 在其他条件不变的情况下,社会网络与创新存在某种程度的矛盾,这主要表现为社会网络内部成员对创新在主观上的诉求与社会网络的存在客观上对创新的抑制形成某种冲突产业。

b. 社会网络外存在由创新需求引致的制度演进诉求。

本次分析的起始点还是遵照上述部分的内容,认定有一个已经成型的社会网络,其中有供给者 n 个,只是为了分析上的逻辑严密性,本书在此将这 n 个供给者之间的关系划分为形成串谋与未形成串谋两大类,现在做出具体分析。

(一)串谋合作的模型分析

事实上,在产业发展的初期,由于社会网络在达成信任、促成合作、共享市场与共担风险等方面发挥的积极作用,各生产者之间很容易在产量或价格等方面形成某种程度的串谋。当这个局部市场的 n 个供给者,由于社会网络的联结,形成串谋时,总利润为:

$$\pi^{In}=q^{In}P^{In}-c^{In}x^{In}-C(A) \tag{4-2}$$

其中,$P^{In}=a+\sum_{n}\theta(d)\cdot -Q^{In}$;$c^{In}=b$;$x^{In}=\frac{q^{In}}{\mu}$。

从而可以将公式(4-2)写成:

$$\pi_i^{In}=q_i^{In}\left[a+\sum\theta(d)\cdot a-q_i^{In}-\sum q_{-i}^{In}\right]-\frac{b}{\mu}q_i^{In}-C(A) \quad (4\text{-}3)$$

由于供给垄断，故可写成：

$$\pi_i^{In}=\frac{O^{In}}{n+1}\left[a+\sum_n\theta(d)\cdot a-Q^{In}\right]-\frac{b}{\mu}\frac{Q^{In}}{n+1}-C(A),$$

$$FOC_{Q^{In}}:\left[a+\sum_n\theta(d)\cdot a-Q^{In}\right]-Q^{In}-\frac{b}{\mu}=0。$$

可得：$Q^{In}=\dfrac{a+\sum_n\theta(d)\cdot a-\frac{b}{\mu}}{2}$，$q^{In}=\dfrac{a+\sum_n\theta(d)\cdot a-\frac{b}{\mu}}{2(n+1)}$，

$$P^{In}=\frac{a+\sum_n\theta(d)\cdot a+\frac{b}{\mu}}{2},\quad x^{In}=\frac{a+\sum_n\theta(d)\cdot a-\frac{b}{\mu}}{2\mu(n+1)}。$$

从而公式(4-2)的值为：

$$\pi^{In}=\frac{a+\sum_n\theta(d)\cdot a-\frac{b}{\mu}}{2(n+1)}\cdot\frac{a+\sum_n\theta(d)\cdot a+\frac{b}{\mu}}{2}-b\cdot\frac{a+\sum_n\theta(d)\cdot a-\frac{b}{\mu}}{2\mu(n+1)}-C(A)=\frac{\left[a+\sum_n\theta(d)\cdot a-\frac{b}{\mu}\right]^2}{4(n+1)}-C(A)。$$

(二)竞争条件下的制度诉求与演化

由公式(4-3)进行竞争性行为分析，可得：

$$\pi_i^{In'}=q^{In'}\left[a+\sum^n\theta(d)\cdot a-q_{-i}^{In'}-\sum q_{-i}^{In'}\right]-\left(\frac{q_i^{In'}\sum q_{-i}^{In'}}{\mu}+b\right)\frac{q_i^{In'}}{\mu}-C(A),$$

$$FOC_{q_i^{In}}{'}:\frac{a+\sum_n\theta(d)\cdot a-\frac{b}{\mu}}{(n+2)(1+\frac{1}{\mu^2})},$$

$$Q^{In'}=\frac{\left[a+\sum_n\theta(d)\cdot a-\frac{b}{\mu}\right](n+1)}{(n+2)(1+\frac{1}{\mu^2})},$$

$$P^{In'}\frac{a\mu^2+2a+na-a(n+1)\mu^2\sum_n\theta(d)+(n+1)b\mu}{(n+2)(\mu^2+1)},$$

$$x^{In'}=\frac{a+\sum_n\theta(d)\cdot a-\frac{b}{\mu}}{(n+2)(\mu+\frac{1}{\mu})},$$

$$x^{In'}=\frac{\left(a+\sum_{n}\theta(d)\cdot a-\frac{b}{\mu}\right)(n+1)}{(n+2)(\mu+\frac{1}{\mu})},$$

$$c^{In'}=\frac{a\mu(n+1)[1+\sum_{n}\theta(d)]+b(n\mu^2+1)}{(n+2)(\mu^2+1)},$$

$$\pi^{In'}=\frac{\left[a+\sum_{n}\theta(d)\cdot a-\frac{b}{\mu}\right]^2}{(n+2)^2(1+\frac{1}{\mu^2})}-C(A)。$$

故而加入社会网络的期望利润额为：

$$E(\pi)^{In}=\prod_{n+1}\rho(d)\cdot\pi^{In}+[1-\prod_{n+1}\rho(d)]\pi^{In'}-C(A)=\prod_{n+1}\rho(d)\cdot\frac{\left[a+\sum_{n}\theta(d)\cdot a-\frac{b}{\mu}\right]^2}{4(n+1)}+[1-\prod_{n+1}\rho(d)]\cdot\frac{[a+\sum_{n}\theta(d)\cdot a-\frac{b}{\mu}]^2}{(n+2)^2(1+\frac{1}{\mu^2})}-C(A)。$$

结合新蒙特卡夫法则，有：

$$E(\pi)^{In}\left[a+\sum_{n}\theta(d)\cdot a-\frac{b}{\mu}\right]^2\frac{\rho^{A_{n+1}^2}[n^2+(n+2)^2\frac{1}{\mu^2}]+4(n+1)}{4(n+1)(n+2)^2(1+\frac{1}{\mu^2})}-C(A)=\frac{\rho^{A_{n+1}^2}[n^2+(n+2)^2\frac{1}{\mu^2}]+4(n+1)}{(n+1)(n+2)^2}\cdot\frac{\left[a+\sum_{n}\theta(d)\cdot a-\frac{b}{\mu}\right]^2}{4(1+\frac{1}{\mu^2})}-C(A)。$$

不参加社会网络的利润为：

$$\pi^{Out}q^{Out}P^{Out}-c^{Out}x^{Out}-C(A)-F \qquad (4\text{-}4)$$

其中，F 为专利保护申请的成本，反映的是制度诉求成本。

$P^{Out}=a-q^{Out}$，$x^{Out}=\frac{q^{Out}}{\mu}$，$c^{Out}=\frac{q^{Out}}{\mu}+b$。

从而，公式(4-4)可以写成：$\pi^{Out}=\frac{q^{Out}}{\mu}(a-q^{Out})-(\frac{q^{Out}}{\mu}+b)\frac{q^{Out}}{\mu}-C(A)-F$，$FOC_{q^{Out}}：a-q^{Out}-q^{Out}-(\frac{q^{Out}}{\mu}+b)\frac{1}{\mu}\frac{q^{Out}}{\mu^2}=0$。

可得 $q^{Out}=\frac{a\mu^2-b\mu}{2(\mu^2+1)}$，

公式(4-4)的值为：

$$\pi^{Out}=\frac{(a-\frac{b}{\mu})^2}{4(1+\frac{1}{\mu^2})}-C(A)-F。$$

故可得加入社会网络的超额利润为：

$\Delta\pi=\pi^{In}-\pi^{Out}=$

$$\frac{\left[\rho^{A_{n+1}^2}n^2+(n+2)^2\frac{1}{\mu^2}+4(n+1)\right]\left[a+\sum_n\theta(d)\cdot a\frac{b}{\mu}\right]^2-(n+1)(n+2)^2(a-\frac{b}{\mu})^2}{4(n+1)(n+2)^2(1+\frac{1}{\mu^2})}+F。$$

取 $n=1$,可得 $\Delta\pi=9(\frac{1}{\mu^2}-1)$,即在原网络仅一个元节点时,参加与否取决于生产率。

定义 $\bar{d}$,$\bar{d}=\frac{\sum d}{n+1}$,根据之前部分的差序扩张定理,可得到 $\bar{d}=\frac{\sum d}{n+1}=\frac{\sum d_iN(d_i)}{n+1}$,其中 $x=\left[\frac{n}{N}\right]$。

从而,有:$\frac{\partial\bar{d}}{\partial n}=\frac{\partial\frac{\sum_x d_iN(d_i)}{n+1}}{\partial n}=\frac{-1}{(n+1)^2}<0$,

$$\frac{\partial\Delta\pi}{\partial n}=$$

$$\frac{\left\{\begin{array}{l}4(n+1)(n+2)^2(1+\frac{1}{\mu^2})\\ \left[(a+nc\bar{d}-\frac{b}{\mu})^2(1-\bar{d})^{\frac{(n+1)n}{2}}(n+\frac{1}{2})\ln[1-\bar{d}]-\frac{n(n-1)\partial d}{2[1-d]\partial n}\right]+\\ (1-\bar{d})^{\frac{(n+1)n}{2}}[2n+\frac{2n+4}{\mu^2}]\end{array}\right\}}{16(n+1)^2(n+2)^4(1+\frac{1}{\mu^2})^2}=0,$$

$\Rightarrow\exists\dot{N}$,当 $n<\dot{N}$,$\frac{\partial\Delta\pi}{\partial n}>0$;$n>\dot{N}$,$\frac{\partial\Delta\pi}{\partial n}<0$。

即当产业生长是在社会网络的特定容量范围内时,新生产者的加入会提高社会网络覆盖面内生产者的整体收益。这种情形下,新生产者完全有机会以网络内成员的名义加入并形成联盟。但是,当产业的社会网络容量超过一定阀值时,新生产者的加入会导致原有相对封闭网络生产者的整体收益出现下降。此种情形下,理性的新来者会质疑形成结盟的意义并放弃加入社会网络。新生产者加入的内部激励在于直至某一临界值时,参加社

会网络的超额利润 $\Delta\pi$ 降至 0。这一点,也可以充分结合本书一开始认定的互动成本概念而加以分析。事实上,社会网络的封闭性和价值的收敛性必然促使网络内成员在收益上造成某种取舍。网络内成员的双向互动并非无互动成本,网络内部成员数量越多,其组织一致行动的成本支出就越大。故而,当加入社会网络所带来的收益低于互动成本时,社会网络的吸引力将得到极大地削弱。

结合社会网络的蒙特卡夫法则,可得此临界值为:

$$N^* = \frac{1n\rho + \sqrt{(1n\rho)^2 - 321n\rho}}{41n\rho}。$$

在不考虑创新时,新的参与者加入社会网络的决定与现存网络规模有关,而生产函数中的生产率与技术创新有关,即:$\frac{\partial\mu}{\partial A}<0$,技术创新降低了生产单位产品的要素需求量。从而有:

$$\frac{\partial\Delta\pi}{\partial A} = \frac{\left[-2\rho^{A_{n+1}^2}(n+2)^2\frac{1}{\mu^3}\frac{\partial\mu}{\partial A}\right]\left[a+\sum_n\theta(d)\cdot a-\frac{b}{\mu}\right]^2}{4(n+1)(n+2)^2(1+\mu^2)} +$$

$$\frac{2\left[\rho^{A_{n+1}^2}[n^2+(n+2)^2\frac{1}{\mu^2}]+4(n+1)\right]\left[a+\sum_n\theta(d)\cdot a\frac{b}{\mu}(-\frac{1}{\mu^2})\frac{\partial\mu}{\partial A}\right]}{4(n+1)(n+2)^2(1+\mu^2)} +$$

$$\frac{2\left\{\left[\rho^{A_{n+1}^2}[n^2+(n+2)^2\frac{1}{\mu^2}]+4(n+1)\right]\left[a+\sum_n\theta(d)\cdot a-\frac{b}{\mu}\right]^2-(n+1)(n+2)^2(a-\frac{b}{\mu})^2\right\}}{16(n+1)^2(n+2)^4(1+\frac{1}{\mu^2})^2}\cdot$$

$$\frac{4(n+1)(n+2)^2\frac{1}{\mu^3}\frac{\partial\mu}{\partial A}}{16(n+1)^2(n+2)^4(1+\frac{1}{\mu^2})^2}<0。$$

对 $\Delta\pi$ 关于 A 和 n 求偏导,$\frac{\partial^2\Delta\pi}{\partial n\partial A}<0$,这意味着创新对于创新型进入者超额利润的影响如图 4-1 中的虚线部分所示,由于网络内存在知识外溢,创新者产生了正外部性,即由他一人承担了创新的成本,导致其参与社会网络和不参与之间的超额利润下降,从而参与的激励降低,反映在偏导数上为负。即创新对于创新者产生了"双负向作用":一是降低利润的作用,二是降低参与激励的作用。

另一方面,如果创新者仍选择进入社会网络,则共享的知识增量会增加网络内成员的收益,并增加新生产者进入的激励。由图 4-1 中实线的变化可见,创新对于社会网络产生"双正向作用":一是增加超额利润的作用;二是增加网络规模,即"搭便车"者数量的作用。网络内的技术是共享的,创新者参与社会网络会由于知识外溢而导致其超额利润下降,即社会网络不利于创新的发生,从而证明了定理 2.a。$\frac{\partial \Delta\pi}{\partial F}=1$,反映了制度诉求成本越小,参与社会网络的激励越小。根据定理 2.a,有效的低成本制度可替代社会网络,而这种替代在创新行为活跃时尤为明显,从而印证了定理 2.b。

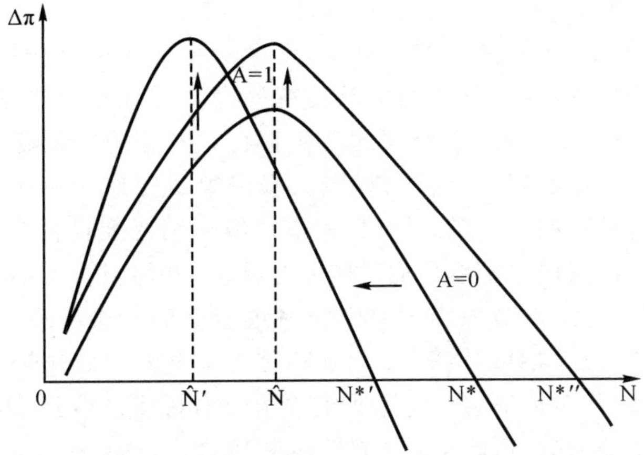

图 4-1 参与社会网络的超额理论与已有网络规模之间的关系

对知识外溢、规模经济等因素的解读无非是用来解释经济活动区位的形成机制。从社会互动角度出发以解释经济活动在区位上的集中趋势,只是尝试着从更加微观的角度去阐释集聚形成的机理。知识的生成、外化和商业化利用有一个相对较长的期限,而其中传送的渠道和顺序给知识外溢的研究预留了空间。

第三节 社会资本与产业发展:基于农村工业化水平的实证检验

上一节已从理论模型构建视角对社会网络同产业成长与扩展、制度演化的路径等要素展开了初步分析。结合本书研究的主体,作者认为,既然包括宗族、房族、地缘、血缘等在内的传统社会结构或组织会在乡村产业的生成扩张方面产生深刻的影响,那么这些因素也必然同样在客观上影响着村庄层面的工业化水平。只是实施该种影响的内部路径和机制有待进一步挖掘和深化。[①] 本节内容试图以调查数据为基础，对社会资本与工业化水平之间的相互关系进行实证分析。

一、问卷设计与数据收集

在文献回归和田野调查的基础上，笔者从乡村社会结构中获得启发，并最终以此为切入点，来解读我国从传统社会向现代化迈进的过程中，包括宗房结构在内的传统社会资本的现实存在以及相应的活跃程度是否有助于乡村经济社会的发展，尝试以姓氏、宗房组织等作为村庄社会结构以及社会资本的某种间接度量。同时，本节内容还结合乡村社会的农经统计数据来描述经济发展水平较高的村庄社会特征，并探讨其背后所蕴含的机制机理。总体而言，本节内容主要围绕村级层面的社会资本展开讨论，立足上述关于社会资本对经济社会转型发展具有极为重要作用这一基本前提，认为村庄内部包括宗房结构等非正式组织对村庄产业经济的发展可以产生十分重要的影响，而此种影响产生的机理就在于嵌入乡村社会的微观结构。然而，仅仅依靠直白的叙述难以实现对我们假设理论的证实。为解决这一难题，笔者特组织了针对乡村社会的田野调查，试图以田野调查得到的基本数据来描述和印证本节事前假设的理论结论。

本节进行实证分析的数据来源于浙江省中部某县 406 个行政村中所随机选取出来的 200—300 个行政村的样本，通过问卷调查，与支部书记、村主任或村老年会长现场座谈等方式，收集了涵盖经济社会发展的微观统计数据。整个调查实际发放问卷 260 份，涉及 5 个乡，7 个镇以及 1 个街道，最后回收有效问卷 188 份，具体的调查样本抽样分布来源情况如表 4-2 所示。

表 4-2　分乡镇样本调查率

乡镇代码	村庄总数	样本数	抽查率(%)
A1	14	—	—
A2	27	—	—
A3	25	14	56
B1	66	32	48
B2	29	15	52
B3	18	12	67

① 事实上，包括宗房结构在内的传统社会资本通过人们的合作、互动以及信任等因素来传递彼此之间的情感认同。

续　表

乡镇代码	村庄总数	样本数	抽查率(%)
B4	34	15	44
B5	41	22	54
B6	31	16	52
B7	29	13	45
C1	22	11	50
C2	15	8	53
C3	19	11	58
C4	18	10	56
C5	18	9	50
合　计	406	188	46

注：A、B、C分别代表街道、镇和乡，其中A1和A2下辖主要乡镇已并入城区，故未做调查。

从表4-2中可以发现，对每个乡镇的抽样调查，基本上覆盖了接近50%的村庄数量，且这接近50%的村庄又是通过随机的方式抽取出来的，故从理论上说，样本大体上可以真实地代表这个乡镇的典型经济社会特征。[①] 问卷主要以村支部书记或村委会主任为访谈对象，访谈和调查的范围包括：村域范围(以行政村为单位)居民纠纷次数和解决方法，公共品提供(自来水、水泥路等)，社戏等文体活动的频率，村民选举过程中的投票率，基层组织、社会组织活动(妇联活动、老年会活动等)，村民代表大会频率，公益事业捐助，公益事业(垃圾处理、投工投劳)参与频率，村庄绿化以及村庄规模，产业发展状况，就业和工资、收入等统计数据[②]。并通过对数据的描述和统计，来反映村庄的社会结构以及经济社会面貌。数据收集通过县政府、乡(镇)政府和村社三个主体相结合的方法实现，具有较高的准确性。考虑到被访对象可能存在顾虑，对于一些问题不愿如实报告，本书在设计问卷时就同一内容从多个视角设计了多个问题，尽最大可能增强度

① 当然，这样的结论未必是完全值得置信的，或者说总是充满疑问的。村庄社会特征的形成演化究竟遵循了何种历史的逻辑，本书在此并未深入讨论。事实上，这样的讨论也很难在经济学的范围内展开。

② 整个调查过程，涉及乡村社会的方方面面，既有针对客观因素的刻画，也有相对主观因素的描述。应当承认，如何对村域范围内一些社会性指标进行数量化度量，是一个较为困难的问题，本书只是在这方面做了一些初步的尝试。

量的有效性。

此外，本书还收集了村庄层面的农经统计数据，包括村庄的总体经济调整、社会特征和村民组织特征。遗憾的是，数据收集中尚缺乏体现村庄社会人力资本水平的指标。虽然在调查问卷中设计了关于村庄内是否有学校（小学/初中/高中）的选项，但事实上，一个村是否有学校往往并非内生结果，而在很大程度上受制于国家政策的整体安排。如在中小学的撤并问题上，那些被撤并掉的村庄，中小学的搬离会对村级层面人力资本的积累产生比较大的负面影响，而对被撤学校却又可能带来某种正向作用。表4-2所展示的关于样本选举的统计描述客观上反映了整个社会调查的工作。就统计学意义而言，接近50%的样本数理论上是可以大致反映总体的整体风貌的。但这里也有一个问题值得商榷，即在涉及具有历史传承性和非完全可量化的社会问题时，是否可以通过调查发现和界定其一般特征。本节内容展开的基本假定是，即便是带有演化特性的社会问题，统计规律依然具有有效性，即一定数量的样本数可以真实地反映总体的基本统计特征，从而确保了调查统计的基本有效性。

二、乡村社会资本的统计性描述

本部分内容依然遵循调查数据，将村域范围内一些可以间接刻画村域社会资本强弱的指标作为解释标量，而将村庄层面个体工商户的数量和村庄内部的人均居民收入水平当作创业成功和村庄治理绩效的一个度量指标。之所以将村庄范围内工商户的数量当作创业的一个度量指标，主要是基于以下几点考虑：第一，相对于从事农业而言，成为一个个体工商户所需要的资本规模和固定投入要高得多，涉及的各方面资源和要素比较多，整合这些资源本就是一个创业实现的过程；第二，在调查过程中，调查者并没有严格区分个体户和企业主，而是将这两者统一划归到个体工商户这一统计指标中。

在表4-3所列出的解释变量中，我们用村庄层面是否有祠堂、是否有族谱等来度量村域社会资本，是基于以下几点考虑：第一，祠堂、族谱往往代表着一个村庄族群关系的紧密程度，因为有祠堂和族谱的村庄必然要涉及它们的维护、翻新和续建，而这些活动本就是族群互动十分重要的方面；第二，我们在调查中发现，族谱和祠堂并非一种静态的摆设，而是大家平时茶余饭后讨论的话题和休闲之时走访的场所，这在某种程度上又会增强本村村民的族群认同感，使得“本族人”的概念增强。但事实上这样的界定必然会带来诸多质疑。因为如果按照这个逻辑推论下去，得出的结论必然是有祠堂和族谱的村庄，其社会资本存量大，村民之间的互动强、认同度高，村民之间的冲突少，而在现实中似乎并非如此。因此，我们在此基础上为了更有效地度量村庄层面的社会资本量，还引入了村庄层面的姓氏和房族数量。如果说祠堂、族谱代表的是村庄层面的认同度和凝聚力，那么姓氏和厅堂则代表的是村庄内部的某种离心力。姓氏数量多和房族分化现象严重的，往往村庄内部的潜在冲突比较强烈。现在很多村民们所谓的“自家人”就是指同一个房族的人，而并非是指同属一个姓氏的人。

表 4-3　解释变量列表

SC（社会资本）	xs	村庄内部的姓氏数量
	fz	这里主要是指本村最大姓氏的房族数
	ct	当本村有祠堂时＝1，否则＝0
	ctls	本村历史上就有祠堂时＝1，否则＝0
	tt	村庄内部的厅堂数量
PC（政治资本）	pc	当本村有在乡镇以上部门工作时＝1，否则＝0
	dy	党员数量
FC（海外关系）	fc	当本村拥有海外关系时＝1，否则＝0
Z（村庄特征）	rk	人口规模
	Team	村民小组数
	Dist1	该村距离县城的距离
	Central	该村是乡镇府所在地＝1，否则＝0

注：在后续章节进行回归分析时，依然还是使用上述表格所设定的解释变量和控制标量（见表4-4），而只是在被解释变量上有所区别。

表 4-4　标量的统计描述

Variable	Obs	Mean	Std. Dev.	Min	Max
Industryration	180	0.6886179	0	0	0.9951896
xs	148	4.222973	2.589411	1	15
ct	148	0.445946	0.498757	0	1
ctls	106	0.260632	1.322381	0	1

续 表

Variable	Obs	Mean	Std. Dev.	Min	Max
fz	148	4.141892	2.033763	1	12
tt	148	3.243243	2.622824	0	18
pc	153	4.581699	6.115785	0	50
LNdy	153	3.177317	0.576503	1.791759	4.574711
fc	152	0.94079	1.308321	0	6
LNdistl	174	2.792498	0.545805	0.693147	3.73767
Central	174	0.074713	0.263686	0	1
Team	268	8.675373	7.255311	1	37
LNrk	268	6.307557	0.678927	4.875197	7.912789

注：LNdy、LNdistl 与 LNrk 指分别对党员数量、该村距离县城的距离以及人口规模取对数。

在解释变量设置中，增加了一个公共活动场所（Public）指标，也是为了间接度量村民之间的社会互动程度。问题设计是“在您看来，平时大家会经常出现的地方，本村有几个（这个可根据被访者的理解来进行回答）”，为了防止被调查者随意回答该问题，问卷中同时还设计了以下几个问题作为补充，“（1）本村小店的数量；（2）夏天傍晚，大家（人数＞10）在一起乘凉的地方有几个；（3）冬天中午，大家（人数＞10）会在一起晒太阳的地方有几个。”[①]同时，本书也把村庄内村民是否具有海外关系（包括港澳台）作为度量村庄社会资本的一个重要变量。此外，在控制变量时，问卷也设计了“本村是否为贫困村”的问题。一般而言，贫困村的界定以乡镇或者县级政府颁发制定的贫困村名单为准。

由于调查过程中部分数据有缺陷，导致各个变量观测数量并不一样。此外，调查原本还试图控制村庄层面实物资本数量（如农地等），也由于数据的不齐全而放弃，最终只是控制了村庄层面上的人口规模和地理位置。人口规模可以从某种程度上间接度量这个村庄的人力资本的强弱，而距离县城的远近，则能度量村庄参与城市经济活动的位置优越性。

① 我们认为这些问题的设计对村内公共活动场所的设计具有可参照性。

三、计量结果分析与结论

改革开放以来，以乡镇企业为主力军推动的农村工业化成为我国经济增长的重要引擎，农村工业化在解决农民就业、提高农民收入，乃至促进整个国民经济发展等方面具有十分重要的作用。从发展经济学的一般观点来看，农村在资金、技术、信息、人力资本等方面居于相对劣势的位置，然而中国的发展实践却证明了我国的农村工业化即便在上述资源严重欠缺的情况下，也能实现农村工业化的快速起飞。本小节内容不讨论农村工业化的模式、制约因素，而是观察村庄内部的传统社会资本与农村工业化之间的相互关联。本书认为，村庄内部的传统社会资本会从以下几个方面影响农村工业化的水平和效率：一是在产业发展的初期，村庄内部的社会资本（如信任、规范、组织等）有利于降低交易费用，容易形成共谋发展的态势，从而有利于产业成长和扩展；二是在产业发展的中后期，村域社会资本所具有的相对封闭性，使得诸多产业实现有效迁移，因而使得一些产业在地域上具有某种“锁定效应”；三是传统社会资本的存在有益于产业技术的封闭保护，确保知识产权的稳定。总体来讲，本书认为村域社会资本与农村工业化之间的关系呈“横 S”型关系。事实上，村域社会资本本身也并非一成不变，而是会随着村庄内部经济社会活动的改变而演化发展。

本节从传统社会资本的视角出发，将村庄内部的姓氏规模、宗房结构等作为村庄宏观社会资本的某种度量，而将工业化率[①]作为村庄产业成长与扩张的一个结果予以度量，并在控制了村域范围内的一些基本变量的基础上，对两者之间进行了回归分析，具体的回归结果如表 4-5 所示。可以看到，在变量当中，距离县城的远近对于村庄工业化水平的影响是显著的。这从某种意义上肯定了“第一自然”对村庄工业发展的作用。事实上，因为本书的分析难以有效控制影响农村工业化的所有因素，如村庄内部人力资本、实物资本等因素，必然会带来回归分析上的偏误。

---

① 这里的工业化率指的是农村范围内工业收入与农村经济总收入之间的比值。

表 4-5 村域社会资本与乡村工业化关系的实证检验成果

Industryration						
	(1)	(2)	(3)	(4)	(5)	(6)
xs		−0.0028				
		(0.0199)				
ct			0.0129			
			(0.1024)			
ctls				0.0201		
				(0.0325)		
fz					0.0630***	
					(0.0215)	
tt						0.0333
						(0.0205)
pc	−0.0002*	−0.0002	−0.0001	−0.0002	−0.0001	−0.0001
	(0.0001)	(0.0001)	(0.0002)	(0.0002)	(0.0001)	(0.0001)
LNdy	−0.0933	−0.0667	−0.0909	−0.1402	−0.1544**	−0.1592*
	(0.0663)	(0.0819)	(0.0791)	(0.1108)	(0.0700)	(0.0873)
fc	0.0002	0.0003	0.0002	0.0001	0.0003	0.0003
	(0.0002)	(0.0002)	(0.0002)	(0.0003)	(0.0002)	(0.0002)
LNdistl	−0.5166***	−0.5127***	−0.4964***	−0.4888***	−0.4787***	−0.5499***
	(0.0869)	(0.0973)	(0.0952)	(0.1043)	(0.0840)	(0.0914)
central	−0.1231	−0.0773	−0.0941	−0.1059	0.0319	−0.1265
	(0.1499)	(0.1526)	(0.1545)	(0.1881)	(0.1416)	(0.1502)
Team	−0.0148*	−0.0162*	−0.0147	−0.0140	−0.0145*	−0.0190**
	(0.0081)	(0.0094)	(0.0094)	(0.0108)	(0.0082)	(0.0090)
LNrk	0.1501*	0.1644*	0.1546	0.1698	0.1905**	0.1835*
	(0.0867)	(0.0948)	(0.0959)	(0.1239)	(0.0855)	(0.0922)
Obs	58	45	44	33	45	45
R-squared	0.4821	0.5456	0.5227	0.5928	0.6327	0.5762

注：*** $p<0.01$，** $p<0.05$，* $p<0.1$。

由表 4-5 的回归分析结果可见，在控制了村庄层面基本变量的情况下，诸如房族等变量对村庄层面的工业化影响是呈现正向关系的，且在统计上非常显著。为此，本书给出以下解释：因为房族是指同姓宗族下面的分支结构，房族数量越多意味着这个村庄层面上本姓氏分支所占的实力较大，相反则更加有利于实现团结，增强凝聚力；而另一方面，房族越多同样意味着房族之间能够提供异质性信息的机会和可能就越大，自然更加有利于产业的兴起和发展。为此我们可以得出以下结论:单一维度的社会凝聚力可能并不有利于乡村工业化的发展;相反,内部能够提供异质化信息的间接凝聚力更加能够促成产业的成长和扩张。

第四节 小 结

改革开放以来,浙江省借助本地化的产业历史优势,形成了“遍地开花”的产业集群,并通过与商品交易市场的互动形成了大规模的地域间分工协作生产,获得了产业整体竞争力,促使其从资源小省一跃成为经济大省。尽管浙江省产业集群主要集中在传统行业领域,但微观企业借助产业集群和商品交易市场节约生产成本和销售成本,从而获得了良好的发展机会,逐步寻求规模经济实现了企业转型并推动了产业集群升级。

浙江省经济在改革开放后急剧发展的过程中,市场化程度在不断提高。逐步完善的法律体系等正式制度在规范市场力量、维护常态运作等方面的作用日益显现,但同时中国社会固有的传统理念以及由此衍生出的人格化交易等非正式制度,在正式制度供给相对滞后的情况下也对经济社会的发展起到了积极作用,尤其在乡镇企业迅速崛起和发展过程中,诸如社会网络、宗族、亲缘血缘等能够自我实施的乡村社会非正式制度的作用不容忽视,且这些带有中国传统色彩的因素会随着经济社会条件的变迁而发生相应的变迁。本章主要分析了其中的第二重作用机理,即从社会资本视角对产业集群的形成机理进行分析,并将社会网络作为社会资本的一种度量纳入有关产业兴起与演化的理论分析模型中。我们认为,普遍存在的社会关系网络必然在经济上是有效率的,尤其对于“规范真空”期和转型经济体必将长期共存的中国而言,从多视角研究社会网络以及相应社会资本的形成对产业发展,尤其是产业网络化集聚具有一定价值。从网络自身来讲,它具有配置资源的功能,能提供一种信任和承诺的机制,降低了交易成本,同时又是信息获取的有效渠道。在有限理性的具体经济行为中,机会主义对经济效率的阻碍一直困扰着经济学家,而社会网络作为一种非正式社会组织,对人们的机会倾向施加了外部约束。此外,社会网络使现存市场不确定性减少,使得诸多市场行为的可预测性增加。

事实上,社会网络作为一种隐性社会单位,其经济利益与亲族连带连接在一块,并不能进行严格意义上的划分。因此,处于社会网络之中的各行为主体更容易达成共识,信任行为更可被期待,机会主义更可被制止。

为了分析上的便利，本书在这里还引入一个互动成本（Interaction Cost）[①]概念，引进互动成本以限制网络的无条件扩散，互动成本以 $IC = IC(d)$，$IC' > 0$，$IC'' > 0$。同时，社会网络的价值还体现在带来主体多互动行为需要的信任，但是从更广的角度讲，社会网络在长期内抑制了创新，不利于企业的长期发展。凭借市场之风而兴起的家族企业，只有不断挑战市场风险才能长期立于不败之地。对社会网络的正外部性与负外部性的研究将是对社会资本研究的一个重要补充和提升。

现阶段，产业组织的发展离不开市场的横向拓展与纵向深化，对于浙江省的传统集群产业而言，依托国内市场平台，扩张国际市场占有率；依托传统优势产业，提升产品竞争实力，是实现传统产业集群升级的必经之路。产业集群转型升级路径是一种制度安排。具体来说，浙江省传统产业集群向现代产业集群转型升级，应密切跟踪当今世界产业集群化发展的趋势。通过嵌入全球价值链，实现技术升级、产品升级、功能升级以及价值链升级，从而提升在全球生产网络、全球价值链和全球供应链中的地位，引导产业链延伸和高端化发展，增强产业集群综合实力和国际竞争力。

因此，在促进浙江省传统产业升级的路径和对策方面，除了积极创造条件实现浙江省产业向全球价值链两端位置发展、培育知名度较高的品牌优势、构建一体化的技术创新体系、完善现代化公共服务平台等基础性工作，更要立足浙江省产业集群发展的实情，做好以下几个方面的工作：一是规范商品市场交易，提升整体发展水平。深刻把握商品交易市场与产业集群的互动影响，正确评估商品交易市场的发展状况，缓解劳动力优势减弱以及地方保护主义等因素带来的不利影响，释放资金、土地和劳动力等要素更多地参与产业发展，确保在全球贸易自由化程度不断加大的情况下，在浙江省内区域之间形成统一开放、竞争有序的商品交易市场。二是突破地方性约束，强化制度保障。浙江省产业集群发展的原发性决定了浙江省的企业发展在资金支持、管理建设等方面更多地依赖于血缘、地缘、亲缘等具有地方性的网络资源，从而导致浙江省企业往现代企业制度转变时自身存在一些障碍，尤其是浙江省企业对民间金融的过度依赖，不仅带来了高昂的资金成本，更是放大了生产经营的市场风险，为金融市场及实体产业的发展埋下了隐患。因此，必须强化浙江省产业发展在产权保护、资金支持等方面的制度建设，确保浙江省产业的发展在良好的制度支撑下从地域

① 这里引入的互动成本其实就是交易成本的一种，包括了维系网络关系有效运转所需要的物理成本和非物理成本的总和。

锁定的障碍中解放出来,为形成统一开放的市场环境提供强有力的支撑。三是构筑地区合作平台,推动产业集群跨区域发展。强化市场分工和地区合作是推动浙江省经济未来发展的力量,也是浙江省产业集群实现跨越式发展的重要支撑。浙江省产业集群必须突破地域性限制,在市场力量和政府参与的共同作用下,积极构筑地区合作平台,以市场的力量拓展产业发展的空间,以政府的支持推进良好的制度环境建设,从而实现跨地区、大分工的要素整合和资源集聚的大发展。

第五章 社会资本的“资源效应”：劳动力流动与创业支持

从村域层面来看，劳动力的流出与流入以及创业网络的构建对农村经济的发展发挥着重要的作用。在前文中我们已从社会网络的视角对产业的扩展和兴起进行了理论描述，本部分内容尝试从更加微观的层面上就社会网络与劳动力流动，以及创业的机制机理做进一步的分析。可以说，本章是对乡村产业兴起与扩展的补充分析。同时，本书也把劳动力流动同创业联系起来，指出村级层面创业网络的形成同基于网络效应的劳动力流动实际存在着一种共生关系。并通过理论模型的分析，指出了基于社会网络效应的劳动力流动对本地劳动力市场的影响。

传统经济学理论认为，决定人们收入的两大因素是物质资本和人力资本。但随着这些年社会资本、社会网络理论研究的兴起，越来越多的学者开始关注社会网络在共享信息、共预风险、社会保障、减少机会主义以及改善集体福利等方面的积极作用。社会网络作为社会资本的最主要表现，对农村劳动力流动和创业行为具有十分重要的影响。本书之所以从社会网络视角将劳动力流动、创业行为与农村经济发展纳入同一框架中进行论述，主要基于以下考虑：假如社会网络能够为劳动力流动和创业行为提供机制和路径上的保证，那么在劳动力要素充分流动和创业行为有序进行的前提下，农村经济发展就是一个自然的结果。可以说，劳动力流动和创业行为是因，农村经济发展是果，而农村经济的发展又带来更进一步的劳动力的流动，社会网络则恰是实现这种因果关系运转的某种机制保障。

目前，就劳动力流动这一主题而言，如果从区域层面上看，大规模的跨区域劳动力流动已成为我国经济区域发展不平衡的重要表现之一，而基于地缘、血缘、亲缘网络的组团式流动则构成劳动力流动的重要特征。就农村创业行为而言，可以从原发型和引导型（或学习型）两个角度展开论述，原发型的创业行为是在诸多历史偶然因素的作用下发生的，而引导型的创业行为则是在已从事创业行为的创业者带领和影响下开展的创业行为。

在广大农村,两种创业行为并非独立发生,而往往是相继发生的,构成了农村创业行为的总体态势。

第一节　社会资本:非市场化的资源获取与配置

目前,我国正处于经济社会转型发展的重要阶段。在转型发展的背景下,讨论社会资本对经济发展的效应和作用机理具有十分重要的理论和现实意义,尤其是受到市场冲击比较强的广大农村地区,更有必要来讨论传统的社会资本对村域经济发展的影响和演变。其中需要着重讨论的问题有:社会资本是否有助于促进村民创业,是否有利于提高村民收入水平,是否有利于保障社会公平,等等。本书在此没有就社会资本涉及村庄发展的各方面展开分析,而是将讨论的重点放在了社会资本与企业家成长这一主题上,并通过村级层面的调研数据来实证检验了村域社会资本与村庄企业家之间的相互关系。

一、社会资本与创业资源获取

创业发生在社会场域之中,受到社会网络、制度环境等因素的深刻影响。对于一个创业者而言,如何找寻实现创业企业成长的机会并为企业长远发展寻找资源支撑,显得十分重要。据调查发现,在我国目前的发展阶段中,以社会网络为支撑和以基本的信息与资源输送为渠道的创业过程是众多企业家实现成功创业的最主要条件之一。有学者把网络类型分为密集网络和稀疏网络,同质性网络和异质性网络。在论述这一分类时,可结合格兰诺维特提出的关于强关系和弱关系的分类。强关系是群体内部的纽带,依此获得的信息重复性高,弱关系是群体之间的纽带,它提供的信息重复性低,充当着信息桥的角色,从个体的角度讲,弱关系在创造可能的流动机会中是一种重要资源;而从社会宏观角度讲,弱关系对影响社会凝聚力发挥着重要作用。在职业流动和职业选择方面,社会网络主要是由亲属和朋友两类强关系构成,社会网络发挥作用的形式以提供人情为主,以传递信息为辅,这些作用在转型经济时代尤为突出。强关系有利于行动者之间信息的流动与传播,容易使行动者对相关问题取得共同理解,获得共同信任,减少机会主义,提高企业间关系的稳定性,树立长期的互惠观。事实上,血缘亲缘往往是强关系的一种,其同质性程度高,同样密集程度也大,而业缘地缘则更倾向于弱关系，其信息的异质性程度相对较高，密集程度则相对较低，这一点在劳动力市场上尤其是就业择业方面的作用异常显著。

二、社会资本与融资支持

改革开放以来，我国的工业化、城市化取得了巨大的成就，总体经济实力也位居全球前列。然而，与这一伟大成就形成鲜明对比的是，我国的农民数量依然位居世界首位，“三农”的发展依然是各项工作的重中之重。如何推进机制体制创新，激发广大农民群众创业创新活力，成了当下我国发展所必须面对的一个重要话题。事实上，在广大农村地区，农民从事农业生产和自营工商业的激情和热情依然不减当年，只是随着产业发展方式和发展环境的变化，农业创业者们对金融支持的需求不断提升，如何确保农业从事者或涉农企业获得相应的金融支撑，成了当下推动农村发展的重点和难点。尤其对于个体创业者而言，仅仅依靠自有资金已然无法满足生产发展的需要。在我国，农村的正规金融发展相当滞后，由政府主导的银行和信用社贷款严重偏向城镇，乡镇上即使有国有银行的分支机构，更多的也是扮演着吸纳存款的角色，农民由于缺少抵押品和信用担保，很难从正规金融机构中借到钱，所有这些相对较高的融资准入门槛，在很大程度上遏制了民间创业活动的活力和激情。在此背景下，面对增收致富的内在追求与融资有效的外在约束这一对矛盾问题时，我国农村逐渐演化出了以亲友之间直接借款为主要特征的民间金融，尤其是在民营经济较为发达的东部沿海地区，民间金融更是发展迅速。研究发现，民间借贷行为之所以能够蓬勃发展，其所依凭的恰恰是镶嵌于民间社会之中的关系网络。在广大农村地区，基于亲缘、血缘或地缘等形成的社会网络，在某种程度上能够相当有效地缓解信息不对称问题，降低借贷行为中有可能出现的风险，从而促进亲友之间的相互借贷，为农民创业者提供足够充裕的资金保障，刺激农村自营工商业的创办和发展。从这个层面上说，社会网络在金融支持方面的特殊地位使得其在弥补农村正规金融市场发展不健全方面发挥了重要作用，从而有效缓解了农村地区产业资金的短缺问题。事实上，当把研究的视角转向微观个体时，确实有研究发现，社会网络的紧密或强弱程度对农民个体的融资行为具有显著的相互影响：拥有更多网络资源的农民个体，往往能够获得更多的金融支持，从而更有可能开办个体工商业。可以说，以社会网络为主要表现形式的社会资本在金融支持方面的显著作用已经不断地得到印证,诸多的研究都基本上肯定了社会网络在融资支持方面的正向作用。事实上,当考虑到社会网络的相对封闭性以及微观层面的金融作为对宏观金融发展方面的影响时,关于社会网络与金融支持关系的讨论或许将更加复杂。

第二节 社会资本与劳动力流动:社会网络的视角

在传统的计划经济体制下,中国社会曾一度是人口流动率极低的社会,出现大规模的自发劳动力流动完全得益于改革开放后宽松的制度环境。虽然在实际的流动过程中还存在大量的制度性约束,但是近似“人身控制”的严格人口管理政策却在改革开放后逐步放宽。简要回顾我国劳动力流动的历史特征可以发现,国家的经济战略和政策对于劳动力管控思路具有深刻影响。改革开放前,为了工业部门的资本积累和工业化的快速起飞,我国在相当长一段时间内采取了压低农产品相对价格、抬高工业品相对价格的“剪刀差”制度,使得城市居民的实际收入与农村居民的实际收入形成一个极大的反差,城乡收入差距客观上为农村居民向城市移民提供了潜在动力。为了控制农村居民向城市居民的自发迁移,政府便通过严格的户籍制度限制农民向城市的迁移,甚至在某些历史阶段还通过鼓励城市居民“下乡”来缓解城市的就业压力。20 世纪 80 年代以来,随着我国改革开放步伐的加快,区域间、城乡间的大规模劳动力流动一度成为学界和政界密切关注的重要议题,庞大的劳动力资源在区域间的整合配置是支撑中国经济奇迹般腾飞的重要因素。[①] 汹涌蓬勃的“民工潮”在给中国的社会发展、经济产业布局和区域经济发展带来巨大冲击的同时,也构成了中国经济发展的一大靓丽风景线。本书就是在此背景下,讨论劳动力流动,并通过对一个大型民营企业的调研,就社会网络在劳动力流动过程中扮演的作用以及产生的相应影响做了理论上的分析,以此来具体刻画企业的劳动力雇佣特征和相应的应对措施。我国大量的劳动力从西部欠发达地区流向东部沿海地区,其中组团式流动构成劳动力流动的重要特征,在探析劳动力组团式流动的动因之后,笔者发现社会网络扮演了极为重要的角色。社会网络对劳动者之间信息共享、职业分享、顺利就业有重要作用,但社会网

---

① 1984 年中央一号文件明确规定“允许务工、经商、办服务业的农民自理口粮到集镇落户”,这意味着城乡隔绝的体制首次得到修正。

络同时也增加了劳动力市场波动的幅度，使得劳动力市场的供给对工资的敏感度下降，且在总体上或过度降低或过度抬高了平衡工资水平，企业作为劳动力的实际雇用者，也会充分把握劳动力流动的这一基本特征，从而在雇佣行为上实现一种平衡。

社会网络对劳动力流动在去向、就业概率、职业选择等方面确实存在诸种影响，现有文献对社会网络作用于劳动力市场的机制已有一定的论述，但就社会网络的存在对劳动力市场产生的潜在影响并没有做深入论述。本部分内容就社会网络对劳动力市场的作用机制和后期影响做了一个尝试性的论述。目前，社会网络对劳动力就业、择业以及社会保障等方面具有积极作用这一点已经得到普遍认可，但是基于个体理性而结成的社会网络对劳动力市场的整体运行产生何种影响，在理论和实证方面尚待挖掘。本部分内容从劳动力流动的动因、特征和趋势出发，在承认社会网络在劳动力市场中对劳动者个体产生影响的基础上，注重分析社会网络对劳动力市场本身产生的影响，并给出了相应的政策启示和建议。

一、劳动力流动：历史与理论的回顾

随着改革开放的不断深入，我国经济开始逐步与全球化进程接轨，支撑经济发展和抢占经济制高点的动力和“武器”发生了变化，我国丰富而克勤克俭的劳动力比较优势开始得到全球市场的青睐，使得我国在承接国际产业转移、参与国际分工的过程中顺利地获得了全球产业网络中发展劳动密集型产业的比较优势，其中出口加工型制造业尤为明显。良好的空间地理位置为出口加工型制造业布局靠近东南沿海省份节省了大量运输成本，加上外资更加青睐“港口”省份，也大量集中在沿海省份。相应地，大量制造业的新增就业岗位也产生于沿海省份。这就导致了在中国劳动力的流动表现为由乡村流向城市的同时，区域层面也表现为内地向沿海的流动。区域经济发展不平衡成为20世纪90年代以来农村劳动力大量外出务工的直接原因。一方面劳动力要素的区域和城乡流动是由于区域经济发展的不平衡，是理性个体为追求更高福利的空间转移，但另一方面劳动力的区域流动却又强化了区域间的不平衡程度。经济发展水平高是吸引劳动力大量流入的关键因素，这一点从浙江省、广东省、上海市等沿海地区可见一斑。[①] 在分析劳动力的区域流动和城乡流动时,有学者就指出农村的普遍贫困和农民的生存理性是农民外出的主要原因,而除个人特征和家庭特征外,社区特征对迁移决策也有重要影响。另外,耕地稀少、劳动力过剩、城乡收入差距大等原因是导致劳动力大范围流动的主要原因[②]。此外,在劳动力去向和职业选择上,大量的实证研究表明,中国农村流动劳动者主要集中在城市非正规部门,以建筑业、工业和服务业为主。

我国的劳动力流动从改革开放之初就进入了一个演化式变迁的转移过程,并且随着对经济社会条件的认知和把握程度的加深,劳动者在决策依据、流动方式等方面也逐步发生变化。在劳动力流动的阶段性特征上,有学者认为 20 世纪 80 年代的劳动力流动是以自发为主的流出方式,而 20 世纪 90 年代以来的劳动力流动以亲缘、地缘为联系纽带的特征明显,劳动力流动组织化色彩也更加浓厚。[③] 除了空间上的物理距离是阻碍劳动力区域流动的一个重要因素,在外工作时所需面临的各种不公正"待遇",如法制不健全带来的劳资纠纷、户籍制度障碍带来的子女入学困难、失业保障不足等,也是严重影响劳动力区域和城乡流动的重要因素。幸好我国的劳动者在追求自我效用最大化的道路上总是能够理性选择尽可能降低各类风险的相应举措,赵耀辉研究发现农村外出打工总人数会显著影响个体的打工决策,他将这解释为移民网络的存在会降低人口流动的心理成本和信息搜寻成本,从而加大了劳动力流动可能性,这一可能性的增加直接表现在劳动力流动数量的增加上。

事实上,拥有社会关系网络对农村外出打工者意义重大。一个现实表现就是,农村外出打工者往往都是由自己村里同伴介绍出来的,"抱团"在一个地方工作。这样做的好处显而易见:农民得到的信息直接来自于信任度较高的老乡,因此得到工作的概率较大,提高了预期收入。同时,"抱团"打工不仅使得移民的直接成本较低,更重要的是降低了由于对城市的陌生感带来心理成本。在这一过程中,拥有社会关系网络可能对人口的流动具有促进作用。李培林通过 1995 年济南市的问卷抽样调查资料发现,民工

---

① 不同省市吸收劳动力的方式不太一样,诸如浙江省等以农村工业化推动城市化、工业化的省份而言,吸引大量外来务工人员进入省内广大的专业村的趋势比较明显。

② 事实上,由于农村现存的大量隐性失业人员,也为劳动力的城乡流动提供了现实上的可能性。

③ 杜鹰等在课题《中国农村劳动力流动个案访谈资料》中就曾通过调查得出,在劳动力方式上,由家庭成员、本地亲戚以及本地朋友带出的比例达到 70%以上,而由村集体介绍、乡及以上行政单位介绍或者民间机构介绍的比例不足 7%。

在从农村到城市的流动过程中，主要依赖传统的亲缘和地缘的社会网络。这种与现代性原则格格不入的传统社会网络，作为一种非正式制度，发挥着节约农村—城市劳动力迁移成本和有效配置资源的作用。张其仔等研究发现，在村庄外有亲朋好友会提高农民的非农就业概率，拥有“关系”的农民从事非农劳动的时间更长。一些学者发现，劳动力流动目的地的“老乡比例”会显著提高该地外出打工的概率。张智勇也指出，物理距离增加了外出劳动者的心理成本，而由社会网络所带来的社会资本则减少了心理成本，且在具体权利保护上，填补了正式保障制度的空白。在职业流动方面，社会网络主要是由亲属和朋友两类强关系构成，社会网络发挥作用的形式以提供人情为主，以传递信息为辅。社会资源是嵌入于个人的社会关系网络中的，并不为个人所直接占有，而是通过个人的直接或间接的社会关系来获取。

二、社会资本与劳动力流动：基于信息不对称的异地迁移

劳动力市场是一个充满信息不对称的市场，这种不对称主要体现在：一是用人单位对劳动力质量与忠诚度的信息了解很不完全；二是劳动力对用人单位、用工制度、企业文化等方面的信息了解不完全。前者会限制雇用行为，而后者则是会影响人们的就业行为。正是转型发展阶段下所普遍存在的信息不对称问题，使得整个劳动力市场的资源配置并非帕累托最优，然而随着改革开放以来区域发展不平衡程度的加大，在经济动因的激励下，劳动力大军还是出现了大规模的异地流动。我们认为，在制度建设不健全的情况下，正是包括诸如地缘、血缘、亲缘关系的社会网络对人们的迁移行为产生了重要影响。有关社会网络对劳动力流动的影响作用机制，已有较多的文献展开了细致的分析，主要集中于社会经济学领域展开讨论。劳动者依托社会网络在就业去向和地域选择等方面做出决策，尤其是在法制不健全、户籍制度障碍等因素的影响下，劳动力以“组团方式”流动，使得他们成为一个利益共同体，进而提高“集体用脚投票的权利”，这显然是一种个体理性集合成为集体理性的典型案例。本书认为在现实的劳动力流动过程中，社会关系网络对外出务工人员的行为决策也会产生重要的影响，这一点主要通过影响劳动者的流动成本实现。对于尚处于决策阶段的劳动者而言，已经外出务工的劳动者所产生的“示范效应”，使得其决策因为地缘、血缘而产生的社会互动而受到影响。虽然每个个体外出务工的

"门槛值"不一样,但事实上随着外出务工人数的增加,"门槛效应"得到了充分的实现,即社会网络作为一种资产通过影响劳动者的决策方程而影响其是否选择流动。对于已经外出务工的劳动者而言,在长期的工作中亲身感知了市场的风险与个体力量的单薄,尤其在面对劳资谈判、生活互助、群体诉求等方面长期所处的不利位置,使得这部分人从主客观方面也有对未外出务工人员主动"招徕"的动机。

因此,自20世纪90年代初以来,大量具有组织化特征的劳动力流动的出现,完全符合市场理性。这一点可以通过考察劳动者的个人效用函数来验证。在改革开放初期到20世纪80年代中后期,劳动者收入是吸引劳动者进行区域间、城乡间流动的最主要因素,劳动者为了赚得更高的收入,往往对外在环境的忍耐程度要比现在要高得多。[①] 这一阶段劳动者的效用函数可以表示为:$U=U(Y)$,其中y是指收入水平,$\partial U/\partial Y>0$,$\partial^2 U/\partial Y^2\geqslant 0$,如图5-1所示U(Y)曲线的实线部分,这一阶段劳动者的效用随着收入水平的增加而不断增加。

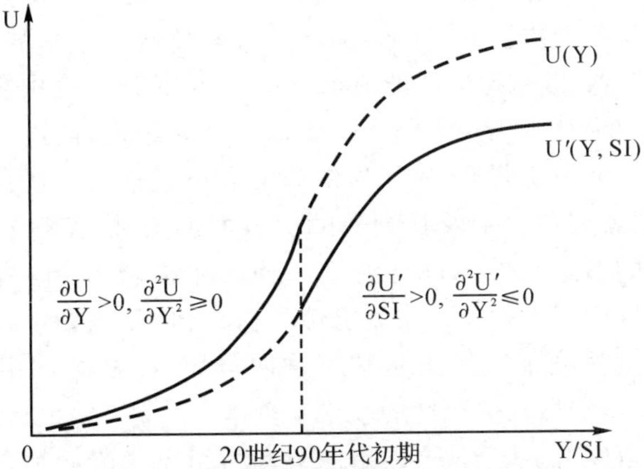

图5-1　劳动者不同阶段的效用函数图

随着改革开放程度的不断深入、市场经济的不断发展,市场所具有的盲目性、滞后性以及无序性等弊端逐渐显现。特别是随着竞争的日益加剧,大量节约成本的市场或非市场活动都被用于企业的生产,加上制度建设滞后于市场进程,各类非正当活动开始盛行。到这个阶段,劳动者原来相对简单市场环境的那种安全感在市场的冲击下逐渐瓦解,个人力量在复

① 事实上,那个时候大人外出务工,把孩子留在老家上学,是一件完全可以接受的事情。因为,对于人口主要输出地而言大量人口还没有往外流动,心里的"安适度"仍较高。

杂市场环境面前的单薄不断显现。此时,劳动者的效用函数随着整个市场环境的变化,也发生了变化。20 世纪 90 年代初以后出现的大量具有组织化特征的劳动力流动印证了这一猜想,这一阶段劳动者的效用函数可以表示为:$U'=U'(Y,SI(Y))$,如图 5-1 所示 $U'(Y,SI)$曲线的实线部分。其中 SI 是指对广义的社会互动(Social Interaction),包括对社会网络等非正式资源的需求,效用函数满足以下条件:

$$\frac{\partial U'}{\partial Y}>0,\frac{\partial^2 U'}{\partial Y^2}\leqslant 0;\frac{\partial U'}{\partial SI}>0,\frac{\partial^2 U'}{\partial SI^2}\leqslant 0,\frac{\partial SI}{\partial Y}>0$$

劳动者效用函数的变化,主要源于市场化进程与制度建设之间的缺口变大,个体在劳动力市场中面临的风险增加。劳动者从一味追求更高收入向兼顾收入、较舒适的工作环境及相对丰富的社会生活过渡。尤其是随着新生代农民工进入劳动力市场,整个社会环境已经给予了这些新劳动者一些"习得性借鉴",使得新一代农民工对收入与各类社会文化生活的需求远超过他们父辈,在个人效用函数的设定上则表现出收入的边际效用开始递减,而社会互动(或社会网络)的需求开始上升的趋势。劳动者对社会互动的需求主要来源于两方面:一方面,随着社会整体收入水平的上升,人们对"安全感""幸福感"等精神生活的追求日益增加,传统社会中所具有的良好的邻里关系和熟人社会仍是人们社会生活的重要组成部分。另一方面,长期存在的城乡二元户籍制度,使得外来务工人员很难完全从身份上融入工作地,加上劳动者权益保护及社会保障等方面的欠缺,使得农民工只能寻求非正式制度的形式来保障自身利益。通过血缘、亲缘、地缘连接起来的社会网络恰好提供了一种非正式制度性的保护组织,例如可以提高农民工与企业间的谈判协商能力。正是基于这两点原因,社会网络对劳动者而言,是一种兼具消费性和保障性的较稳定资本。

从劳动者角度看,基于社会网络的劳动力组团式流动是个体理性集合为集体理性的一个典型案例,是个体充分利用网络内部的信息优势而实现异地流动的关键。这一结论看似明显,其实背后是基于社会网络在劳动者的现实生活中所扮演的两种功能,即"消费性质"的社会网络和"保障性质"的社会网络。前一种功能主要是为了满足劳动者作为一个追求效用最大化的个体对社会互动、社会性交往的需求,将具有地域根植性的社会习俗、生活习惯、语言交流等在异地实现再培植。后一种功能则是应对外在的风险尤其是由于制度缺陷、市场波动等客观因素带来的非可控风险的一种防御性保障,其更多的是由于劳动者在市场环境中面临市场的不确定性时自发产生的非制度性需求。这两项社会网络的功能促使网络内部的个体通过理性考量而在劳动力流动行为中选择了组团形式,而这一理性组合功能却不是个体偏好的简单叠加,也不是基于理性的偏好传递性的简单实现。

三、社会资本与劳动力市场波动:基于供给弹性的理论分析

在现实生活中,社会网络作为有别于正式制度的非正式资源或非正式制度,其对劳动力市场的影响相对于正式制度而言更不容易观察。作为个体的一种重要社会资源,社会网络对劳动者个人的生活就业产生了重要的支撑作用。[①] 在讨论东部沿海地区的“民工荒”呈有组织式发生时,正式制度短缺是一个因素,而非正式制度在农民工实现城乡转移和顺利就业中具有一定作用也是原因,部分学者也对劳动力在二元结构中的流动条件、均衡条件进行了深入分析。由于社会网络的消费和保障功能,劳动者的流动呈现出“非匀速性”特征,具体表现为初次流动和再次流动以及不同程度关系社会网络的流动速度具有差异性。在初次流动(即异地流动,通常从农村向城市流动)过程中,城乡工资差异使得大量农村劳动者以各种组团方式一起流入城市。而再次流动(即易地流动,通常从一个城市流向另一个城市)的过程就显得复杂得多。一方面,外来务工人员工资普遍较低,因而具有较高的流动率;另一方面,单独流动往往不是一个理性决策,出于对社会互动,尤其是“同乡”或“亲友”互助保障的需要,劳动者通过“抱团”的方式进行流动加大了流动难度,流动速度减慢,外来务工人员在一定时期将忍受低工资,缩小流动性。

本部分通过利用一个简单的劳动力供给需求模型,来解释在社会网络作用下劳动力市场的出清和波动情况。[②] 劳动者初次流动时,在社会网络的作用下,诸如“抱团”等方式使得劳动者队伍相对于工资的调整显得更加“迅速”,即由于社会网络的作用,劳动者的供给弹性将变大。假定 w_t、L_t 分别表示 t 时期的工资率和劳动力,$L_t^d = f(w_t)$ 表示劳动力需求方程,$\frac{\partial L_t^d}{\partial w_t} <$

---

① 社会网络的作用并非总是正向的。事实上,在一定时期内出于个体理性的考虑而实现的集体理性在另外一个时期可能产生“非理性”的效应。

② 这里以及下文所指的“市场”指的是东部沿海的劳动力市场,而非全国的劳动力市场。就全国的劳动力市场而言,抱团方式的劳动力流动不会影响劳动力的总供给,而本部分要分析的是社会网络下的劳动力流动对局部劳动力市场的影响。

0；t 时期的工资率 w_t 决定下期的劳动力供给量 L^s_{t+1}，$L^s_{t+1}=h(w_t)$ 表示劳动力供给方程，$\frac{\partial L^s_{t+1}}{\partial w_t}>0$。在劳动者初次流动条件下，假设 D 是劳动力需求曲线，在一定时期是给定的，S_1 是无社会网络时的劳动力供给曲线，而 S_2 是基于有社会网络作用的劳动力供给曲线。S_2 曲线相比 S_1 更加平缓，如图 5-2 所示，这是因为在相同工资变动情况下，有社会网络时的劳动力供给多于无社会网络时，即有社会网络时劳动力供给弹性 $\frac{\Delta L/L_t}{\Delta w/w_t}$ 更大。D 与 S_1 的交点 (w_1, L_1) 就是无社会网络时的劳动力市场均衡解，D 与 S_2 的交点 (w_2, L_2) 是有社会网络时的劳动力市场均衡结果。由图 5-2 可知，$w_1>w_2$，$L_1<L_2$，这说明在劳动力初次流动情况下，社会网络的存在使得劳动力市场的均衡工资降低，均衡劳动力数量增加。

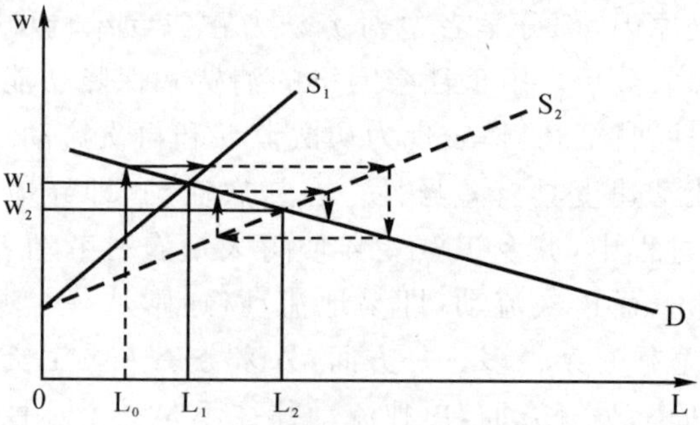

图 5-2　初次流动下的劳动力市场收敛图

现在考虑市场波动情况，假定劳动力的供给弹性总是小于需求弹性（或者供给曲线斜率绝对值总是大于需求曲线斜率绝对值），某市场具有初始劳动力数量 L_0，该市场正处于非均衡状态。在无社会网络情况下，L_0 对应的初期市场工资很高，由劳动力供给方程 $L^s_{t+1}=h(w_t)$ 可知，下一期的劳动力供给将增加。又由劳动力需求方程可知 $L^d_{t+1}=f(w_{t+1})$ 可知，下一期的工资下降。市场将沿着实线箭头的方向调整，直至收敛到均衡位置 (w_1, L_1)。在有社会网络情况下，将沿着虚线箭头方向调整及收敛至均衡位置 (w_2, L_2)。此时，有社会网络的劳动力市场调整周期长于无社会网络的调整周期。（如图 5-2）假定有社会网络时，劳动力的供给弹性大于需求弹性，市场具有初始劳动力数量 L_0。在无社会网络情况下，将沿着实线箭头的方向调整至均衡位置 (w_1, L_1)；在有社会网络情况下，将沿着虚线箭头方向调整，但不会收敛，而是趋于发散。（见图 5-3）这意味着劳动力市场无法出清,劳动力总是供应过多或过少。

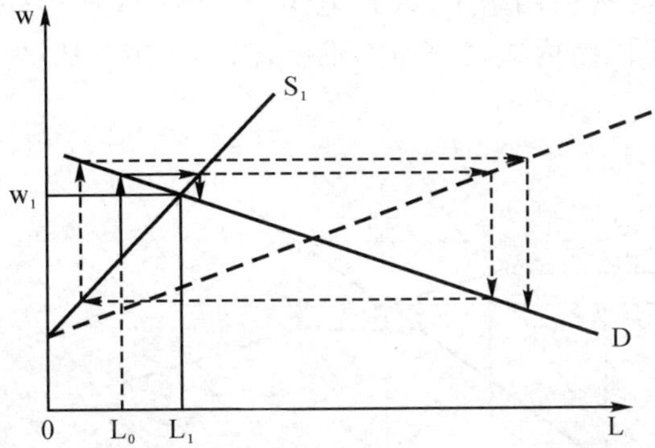

图 5-3　初次流动下的劳动力市场发散图

下面利用数学公式推导来证明劳动力市场的调整过程。假设具体形式的劳动力需求函数为 $L_t^d=\alpha_1-\beta_1 w_t$,供给函数为 $L_t^s=-\alpha_2+\beta_2 w_{t-1}$,$\alpha_1$、$\beta_1$、$\alpha_2$、$\beta_2$ 均为大于零的常数,给定的初始工资为 w_0。由市场出清条件 $L_t^d=L_t^s$ 可得 $w_t=(\alpha_1+\alpha_2)/\beta_1-(\beta_2/\beta_1)w_{t-1}$,经过迭代以后得到 $w_t=[1-(-\beta_2/\beta_1)^t][(\alpha_1+\alpha_2)/(\beta_1+\beta_2)]+(-\beta_2/\beta_1)^t w_0$。

当劳动力供给弹性小于需求弹性,即 $\beta_2<\beta_1$ 时,$(-\beta_2/\beta_1)^t$ 将趋于 0,则 w_t 收敛于 $[(\alpha_1+\alpha_2)/(\beta_1+\beta_2)]$;当劳动力供给弹性大于需求弹性,$(-\beta_2/\beta_1)^t$ 趋于无穷,则 w_t 趋于发散;当劳动力供给弹性等于需求弹性,即 $(-\beta_2/\beta_1)^t=\pm 1$,则 $w_t=w_0$ 或者 $w_t=2[(\alpha_1+\alpha_2)/(\beta_1+\beta_2)]-w_0$。

由于社会网络具有根植性,一旦初次流入某个地方并稳定下来,便会进入某种程度的锁入状态,很难再进行易地流动,这表现为在劳动力再次流动过程中,诸如“抱团”等方式使得劳动者队伍相对于工资的调整显得更加“迟缓”。虽然该机理还有待实证数据的支撑,但就从逻辑上来看,社会网络的作用使得劳动者作为一个团队对工资的反应速度下降,即由于社会网络的作用,劳动者的供给弹性变小。图 5-4 反映了劳动力再次流动下的市场出清和波动情况,S_1 表示无社会网络时的劳动力供给曲线,S_3 表示有社会网络时的劳动力供给曲线。D 与 S_1 的交点(w_1,L_1)就是无社会网络时的劳动力市场均衡解,D 与 S_3 的交点(w_3,L_3)是有社会网络时的劳动力市场均衡结果。由图 5-4 可知,$w_3>w_1$,$L_3<L_1$,表明在劳动力再次流动情况下,社会网络的存在使得劳动力市场的均衡工资上升,均衡劳动力数量较少。这可以为解释东部沿海某些地区出现“民工荒”现象提供一个新的视角。农民工是城市工作者中的弱势群体,农民工被拖欠工资、得不到社

会保障等问题一向十分严重，这促使农民工以“抱团”方式就业来增加保障和谈判能力，而正是社会网络带来的“抱团”作用，使得当考虑再次流动（易地就业）时，增加了网络内成员协商的难度，阻碍了劳动力的“易地”流动。①

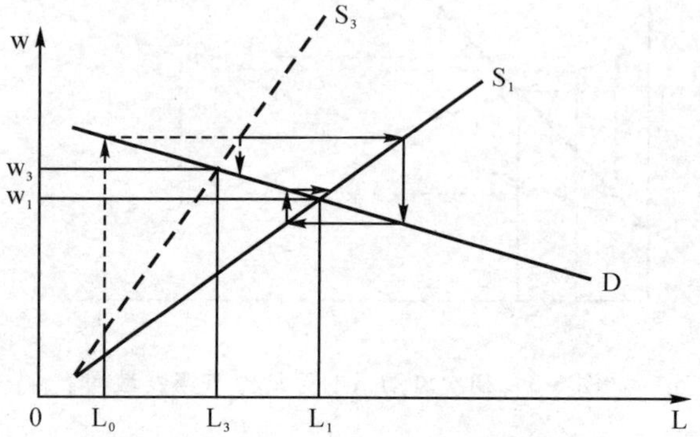

图 5-4　再次流动下的劳动力市场收敛图

由以上的分析我们可以得出以下结论：即从市场角度看，基于劳动力群体理性的组团式流动也是导致市场不理性的重要动因，即在劳动力初次流动过程中，社会网络使得劳动力供给弹性增大，当增大后的供给弹性依然小于需求弹性时，劳动力市场可以出清。但市场均衡工资降低，均衡数量增多，当增大后的供给弹性大于需求弹性时，劳动力市场无法出清，劳动力市场工资和数量趋于发散。在劳动力再次流动过程中，社会网络使得劳动力供给弹性减小，均衡时的市场工资升高，劳动力数量减少。

总体而言，本部分内容的分析主要尝试反映了如下事实：第一，在我国劳动力市场中，制度性缺陷促使劳动者个体出于理性诉求在就业和职业转移方面选择最大化效用的流动方式，即连接社会网络的抱团式流动；第二，社会网络对于劳动者个体而言，具有消费性和保障性两种功能，这两种功能促使劳动者以抱团的方式提升了初次流动的速度，有利于劳动者从农村转移到城市，从农业部门转移到非农业部门，提高劳动回报率，缩小城乡差距。但同时难免使得劳动力转移过多，导致市场工资降低，严重时可能导致市场无法出清。同样，正是“抱团”形式的流动方式，使得网络内成员再次流动的难度增大，易地流动的速度减慢，局部地区工资升高、劳动力不足现象严重，这就是群体理性带来的市场不理性。

---

① 这可以解释为什么社会网络作用强的劳动力团体，一旦最初的流动过程结束，就具有一定的“根植性”，这种根植性阻碍了劳动力市场的再次流动（即充分流动），使得要素资源不能实现充分有效配置。

理性作为主流经济学理论中的一个重要术语，阿马蒂亚·森将其理解为选择的内在一致性、自利最大化和一般最大化。在我国的劳动力市场中，制度性的缺陷使得劳动者个体在就业择业和转移转化等方面选择了最大化效用的流动方式，而这一原本出于理性诉求的流动方式，确实带来了群体理性，但恰恰这一相对具有冻结性的群体理性又使得劳动力市场在某个阶段很难实现充分调整以达到市场出清，本书在此认为是群体理性带来的市场不理性。所幸，这种不理性并非没有补救措施，只要建立健全劳动力权益保护的法律法规，将劳动者个体分散为独立决策的原子式个体，就会更加有利于劳动力市场的充分调整。

四、数据与案例

为印证社会网络在劳动力市场中的现实存在性与潜在作用，首先，本文通过2008年中国综合社会调查（CGSS）微观数据分析得到，社会网络在劳动力供应市场中发挥了重要作用。其次，本文通过针对一家大型企业集团的深入实地访谈和数据统计分析，发现确实存在“抱团”式的就业现象。

2008年中国综合社会调查询问了受访者的所有工作经历，其中涉及受访者取得的每一份工作是否获得过帮助，获得何人帮助，帮助的内容是什么等方面的信息，由此可以看出社会关系网络是否对获得就业起作用。表5-1统计了受访者第1—5份工作的受帮助情况，第一份工作没有获得过帮助的比例为68.92%，其余分别获得过家人、朋友、熟人、同乡等的帮助。获得家人帮助的比例为14.96%，获得朋友、熟人、同乡帮助的比例为13.5%。随着工作次数的增加，取得工作没有获得过帮助的比例大体是减少的，获得家人帮助的比例减少，而获得朋友、熟人、同乡帮助的比例增大。[①]

---

① 这些数据说明在初次就业中，劳动者较多地使用强关系获得工作；而在职业转换中，劳动者则更多地利用弱关系来获取就业。该结果在某种程度上支持了格兰诺维特的弱关系假设，即通过强关系获得的信息重复性高，而弱关系提供的信息重复性低，使用弱关系谋求职业流动的人，由于了解到非重复的更有价值的信息，可以获得向上流动的机会。

表 5-1 受访者获得第 n 份工作时获得什么人帮助(%)

获得该份工作时获得什么人帮助	第 1 份	第 2 份	第 3 份	第 4 份	第 5 份
家　人	14.96	9.75	8.71	5.45	4.65
朋友、熟人、同乡	13.50	22.08	25.57	27.28	34.89
同学、战友、同事	1.13	1.95	1.68	1.82	2.33
其　他	1.49	0.94	1.12	0.91	0.00
无帮忙	68.92	65.29	62.92	64.55	58.14
样本量(人)	3623	1282	356	110	43

表 5-2 统计了受访者第 1—5 份工作接受帮助的内容,从中可以看出,通过社会网络成员获得就业信息的比例最高,达 60%—72%,其次是获得与雇主代理人见面机会的比例,为 11%—19%,这与以往的研究结论一致。

表 5-2 对受访者第 n 份工作的获得提供了什么帮助(%)

对该份工作的获得提供了什么帮助	第 1 份	第 2 份	第 3 份	第 4 份	第 5 份
提供工作信息	59.88	59.64	54.41	67.57	72.22
安排与雇主代理人见面	19.22	19.06	21.32	16.22	11.11
帮助准备工作申请材料	8.68	7.85	8.82	5.41	0.00
帮助呈递申请材料	6.47	7.17	6.62	2.70	0.00
关系人帮雇主做了一件事	2.39	2.69	5.15	2.70	11.11
其　他	3.37	3.59	3.68	5.41	5.56
样本量(人)	1129	446	136	37	18

以上数据说明在现实生活中,利用社会关系网络获取初次就业和实现职业转换的现象都是普遍存在的,但是无法看出劳动者是否在职业选择时结合在一起或是多大程度地结合在一起。下面本文通过一家大型企业集团的统计数据,来观察劳动者在就业中的聚集状况。

H 公司是一家以精对苯二甲酸(PTA)、聚酯纺丝(PET)和化纤加弹丝(DTY)为主业,以金融、地产和股权投资为辅业,产业链高度整合,主辅业优势互补,跨区域发展的大型现代民营企业集团。该集团旗下的三家公司[①] A、B、C 分布于其产业链中下游,属于劳动密集型企业,目前共有员工

① 三家公司在下文中分别标注为 A 公司、B 公司和 C 公司,其中 A 公司是新公司,处于产业链的中游,而 B 公司和 C 公司则相对位于产业链的下游。就产出效益而言,B 公司的经济效益为最佳。

逾5000名。本书通过对A、B、C三家公司车间一线员工[①]的实际调查,统计分析4605个样本数据的户籍资料,得出如表5-3所示的分析结果。结果显示,该企业三家公司中除了有一定比例的本省员工,其他员工主要来自于安徽省、河南省、湖南省和四川省。进一步观察来自同省的员工的户籍资料发现,员工的户籍分布集中于个别县市。用五县市户籍集中度[②]来衡量员工的地缘关系紧密程度,则A、B、C公司的五县市户籍集中度分别为43%、79%和73%。从乡镇户籍同异对比值[③]来看,A公司来自湖南的员工的乡镇户籍同异对比值达70%。可见,该企业雇佣的员工具有明显的地域集中性,这表明劳动者确实存在组团就业情形,在一定程度上验证了本文的第一个结论,即基于社会网络的劳动力组团式流动是个体理性加总为集体理性的结果。在对企业的实地访谈中了解到,企业在用工和招聘管理中已经逐渐认识到社会网络的作用。对员工而言,与社会网络内部成员共同进入企业工作能够增强信任感和幸福感,同时也能够获得利益保护。对企业而言,由于信任机制缺乏使得其更偏向于信任通过地缘或亲缘等社会网络介绍进来的员工,认为有利于企业稳定和员工队伍的管理。

表5-3 浙江H企业集团各分公司的员工户籍集中度(%)

	总 体	A公司	B公司	C公司
安徽省	14.05	12.24	9.42	22.30
河南省	12.36	12.78	10.34	14.99
湖南省	11.90	16.06	8.74	13.21
四川省	7.64	7.24	6.62	10.03
浙江省	29.14	13.66	48.60	12.93
其他省	24.91	38.02	16.28	26.54
样本量(人)	4605	1127	2070	1408

注:该企业员工来自浙江省、安徽省、河南省、湖南省和四川省5个省份的比例在60%以上。

事实上,企业在用工管理和招聘管理中已经逐渐认识到社会网络对劳

① 统计分析主要针对一线生产类员工而展开,并不包括管理类、行政类、专业技术类和营销类员工,这主要基于以下两种考虑:一是除去一线生产员工的其他类别员工的专业性强,可替代性相对较小;二是一线生产员工相对于其他类别员工的数量巨大,便于统计分析。

② 统计来自同一个省份的员工,其户籍在各个县市所占的比例,该比例中排名前五的县市占全省员工县市的比例即五县市户籍集中度指数。

③ 来自同县市同乡镇员工的比例与来自同县市异乡镇员工比例的比值。

动力流动所产生的影响。一方面，人与人之间始终存在情感隔阂，有着地缘或亲缘等社会网络联结的群体相对更容易获得情感支撑也更容易信任组织，这有利于企业稳定和员工队伍管理。另一方面，在注重发挥社会网络对劳动力流动优势的同时，企业注意防范其联结新群体对自身管理机制的削弱现象，也适度关注着社会网络劣势员工的发展机会，保护其合法权益。随着社会的发展和通信的便利，由社会网络所联结的新群体对企业自身管理机制和社会稳定的冲击在不断淡薄。因此，在“招工难”和“用工荒”现象凸显的大环境中，企业鼓励社会网络所带来的人员进入工作岗位。

第三节　社会资本“资源效应”的实证检验

社会资本“资源效应”主要体现为在资源获取、职业选择以及助推人口迁徙等方面，发挥着信息桥梁、中介服务以及社会保障等多样性功能。有别于上一节的理论分析，本节将社会资本的“资源效应”纳入到乡村层面予以实证分析，并就社会资本与创业行为这个侧面进行了尝试性的实证检验。客观上，从村域社会资本角度切入，并不能完全捕捉到个人创业的绩效，而只能试图在村域社会网络与村庄层面创业行为之间建立某种关联，而其中村民收入水平的高低恰可以视作这种关联度的某种测度。事实上，由于农民的创业跟城市居民创业在资金、技术、人力资本等方面存在巨大差异，农村创业者的初始社会网络往往在其初创期扮演着十分重要的角色，其拥有的社会资本不仅仅能带来人力资本和金融资本，而且能增加人力资本和金融资本的回报。

一、变量确定与数据描述

本书的样本数据已于前文中进行了介绍，本部分内容依然遵循调查数据，将村域范围内一些可以间接刻画村域社会资本强弱的指标当作解释标量，而将村庄层面个体工商户的数量和村庄内部的人均居民收入水平当作创业成功和村庄治理绩效的一个度量指标。（见表 5-4）之所以将村庄范围内工商户的数量（gsh）当作创业的一个度量指标，主要是基于以下几个考虑：第一，相对于从事农业而言，成为一个个体工商户所需要的资本规模和固定投入要高得多，涉及的各方面资源和要素比较多，整合这些资源本就是一个创业实现的过程；第二，在调查过程中，调查者并没有严格区分个体户和企业主,而是将这两者同一划归到个体工商户这一统计指标中。

表 5-4　工商企业数及其相关变量的统计描述

Variable	Obs	Mean	Std. Dev.	Min	Max
gsh	154	16.2013	23.82682	0	150
xs	148	4.222973	2.589411	1	15
ct	148	0.445946	0.498757	0	1
ctls	106	0.260632	1.322381	0	1
fz	148	4.141892	2.033763	1	12
tt	148	3.243243	2.622824	0	18
pc	153	4.581699	6.115785	0	50
LNdy	153	3.177317	0.576503	1.791759	4.574711
fc	152	0.94079	1.308321	0	6
LNdistancel	174	2.792498	0.545805	0.693147	3.73767
mc	268	0.3530754	0.3972214	0.0034	2.68
Central	174	0.074713	0.263686	0	1
Team	268	8.675373	7.255311	1	37
LNrk	268	6.307557	0.678927	4.875197	7.912789

注:本数据出自于乡村田野调查。

在这部分章节中,本书依然采用祠堂、房族、族谱、厅堂等变量来度量村域层面上的宏观社会资本。总体而言,村域方位内社会资本存量大、村民之间的互动性强、认同度高、村民之间的冲突少,而在现实中似乎并非全部如此。因此,我们在此基础上为了更有效地度量村庄层面的社会资本量,还引入了村庄层面的姓氏和房族数量。如果说祠堂、族谱代表的是村庄层面的认同度和凝聚力,那么姓氏和厅堂则代表的是某种村庄内部的离心力。姓氏数量多和房族分化现象严重的,往往村庄内部的潜在冲突比较强烈。现在很多村民们津津乐道的所谓“自家人”就是指同一个房族的人,而并非是指同属一个姓氏的人。

二、计量分析及结论

当我们分析表 5-5 时,通过观察各个控制变量的回归系数可以发现,党员数量对村民创业的影响是正相关且显著的,村庄内部的社会资本是影响村民的创业行为的[①]，且村民是否处于乡政府所在的中心村也不会影响村民创业的成功。这也为“第二自然”理论提供了非常重要的辅助证明。事实上，影响村民创业行为的主要是政治关联性以及是否有海外关系，有政治关联性能够保证充足的政治资源支撑，有海外关系则是相对可以获得异质性的信息和机会以及相对充裕的资金支持。

表 5-5　村域社会资本与村民创业的计量分析结果

gsh						
	(1)	(2)	(3)	(4)	(5)	(6)
xs		−0.3477				
		(1.2816)				
ct			−4.5148			
			(6.6510)			
ctls				−2.8580		
				(3.2266)		
fz					2.5552*	
					(1.3682)	
tt						4.0596***
						(1.2064)
pc	0.0197**	0.0191**	0.0204**	0.0257*	0.0221**	0.0260***
	(0.0086)	(0.0093)	(0.0100)	(0.0140)	(0.0092)	(0.0089)
LNdy	20.6321***	20.9380***	20.8567***	19.7198***	16.9081***	9.2585
	(4.3474)	(5.1448)	(5.0834)	(6.6332)	(5.0851)	(5.5927)
fc	−0.0053	−0.0062	−0.0085	0.0050	−0.0034	−0.0092
	(0.0148)	(0.0159)	(0.0161)	(0.0217)	(0.0156)	(0.0148)
LNdistl	0.9545	1.1824	0.7033	−0.3419	1.0417	−2.3685
	(5.4084)	(6.0708)	(6.2283)	(7.5935)	(5.8368)	(5.6450)

① 我们在调查过程中，统计工商户数的时候，往往同时还是指不在本村兴办的但是由本村村民兴办的工商企业。

续　表

gsh						
	(1)	(2)	(3)	(4)	(5)	(6)
central	1.1062	0.5128	−0.3664	−0.8262	2.5664	−6.5855
	(9.6438)	(10.5000)	(10.4581)	(13.6316)	(10.2751)	(9.9215)
team	−0.6107	−0.5901	−0.5752	−0.9201	−0.4436	−0.6882
	(0.6028)	(0.7083)	(0.7200)	(0.9127)	(0.6907)	(0.6524)
LNrk	1.2516	0.3121	0.4773	2.0939	−0.7718	0.6023
	(6.1926)	(6.9993)	(7.1676)	(9.9667)	(6.8685)	(6.5215)
Obs	96	83	82	59	83	83
R-squared	0.2615	0.2531	0.2588	0.2604	0.2860	0.3516

注：*** $p<0.01$，** $p<0.05$，* $p<0.1$。

同时，通过回归分析还可以发现在讨论创业问题时，姓氏构成同创业行为之间却存在负相关关系，即姓氏规模越复杂，创业行为越受到抑制。想要解释这个结果，可以从异性之间竞争村域范围内的创业资源入手。我们同时还可以发现，房族和厅堂对村民创业的影响是正的，且影响显著。这意味着同宗之内的良性竞争极其有利于村民的创业行为，这也是正式把宗房结构视作微观组织的缘由。上述各个变量的正负性以及统计上的显著性，也同样印证了本书在第四章中所得出的基本结论。在既定的资源约束条件下，异质化的竞争会分散创业资源的集中度从而影响创业成功的可能性，这就是姓氏的过度差异化所带来的负向影响。在讨论村庄层面上祠堂等体现村庄宗亲象征的有无时，发现虽然其在统计上对被解释变量的影响并不显著，但是实际是负向的。对于这一点的解释，姑且存疑以作为未来的研究方向。事实上，考察村庄层面祠堂的兴起与变化对于把握村庄经济社会的演化发展具有十分重要的意义，尤其是通过考察村民们对待祠堂的认识变化，可以从认知这个角度上来度量村民们对待传统社会资本的态度。

总体而言，我们通过实证检验发现，村域范围内的收入水平与创业行为多多少少都跟村域内的社会资本存在某种关联，尤其是当村民从事创业行为时，来自同姓宗亲的支持是创业成功很重要的一个条件。这说明在现代市场经济迅速发展的实际中，传统的社会力量依然还在不断地影响着人们的经济活动。

第四节　小　　结

农村劳动力流动不但可以直接、间接地提高外出打工户的家庭收入水平，而且就全国而言还会抑制农村居民收入差距的扩大，对缓解城乡居民收入差距的扩大发挥积极的作用。从20世纪80年代中后期开始，由于国民经济和城市建设的快速发展，城市就业机会增多，以地缘、血缘和人缘为纽带的农民务工群体逐步成长起来。对首次外出打工的农村劳动力而言，同乡或亲朋的带领是减少迁移风险的有效途径，带有组织化倾向的劳动力流动成为当代中国最鲜明的一种经济社会现象。劳动力在区域间的组团式流动是出于相互照应的需要，也是增强抵制外界风险能力的一种必然选择。观察到这一特征后，我们必须慎重考虑我国的劳动力流动之所以出现抱团现象背后的经济、社会和制度原因，必须认识到这一现象背后实际折射出的是农民工权益保护机制的缺失。中国要成为制造业大国，必须从保护劳动者的基本权益开始，使得每一个劳动者的安心工作不仅仅基于家庭、亲友或同乡的关怀，而更多来自于政府和企业的支持和保障。中国的劳动力市场必须打破家族、亲友提供社会保险的局面，使得在政府介入和社会关怀的条件下，实现劳动力市场的充分原子化流动，进而提高劳动力的边际生产力，使得劳动力的供给随着工资水平的变动充分调整，实现平稳供给。因此，在面对劳动力流动的基本特征时，必须把握本国的文化传统、习俗等非正式制度，使得各项正式制度能够依托于现有的各项非正式制度。

同时，我们也应该看到作为资源支撑的社会网络，对于村庄层面的创业行为具有隐性的影响和作用。传统社会资本嵌入现代产业发展中已经是一个不争的事实。如何很好地把握和理解这一事实对于认清我国基层社会的创业创新行为，制定相应的创业创新支持政策具有十分重要的作用。尤其是在提供融资服务等方面，依托村庄层面上的社会网络，可以创新融资方式，应避免忽略传统社会资本的现代意义，制定强行嵌入基层社会的非理性化的制度体系。

第六章　社会资本的“组织效应”:村庄选举与乡村治理

每一个中国村庄都是一个自治的小公国。

——明恩溥(Arthur H. Smith)

农村一直是中国社会的重要组成部分,在相当长的历史时期内也是容纳中国绝大多数人口的最基本组织形式。在我国的经济社会发展历史中,农村社会稳定则天下稳定,农村社会失衡则整个国家失序,农村是整个国家社会稳定和谐发展的基础。在研究基层发展问题时,如何实现基层社会的良性治理是一个关键的议题,乡村治理不仅仅关乎基层和谐社会的建设,且影响我国在传统农业社会向现代社会转型的制度设计过程中的有效推进、社会稳定的有效保障,有利于促进基层社会在正式制度与非正式规则的补充增益中实现有序发展,为基层社会的经济政治发展提供充足的社会资源。那么,在探讨乡村治理这一主题时,深入研究留存于乡村社会内部的传统力量与作为国家政权延伸的乡村政治结构,以及这两者之间的互动,无疑将对有效推进乡村治理提供充分的理论支撑和实践指导。2002年,党的十六大首次界定了政府经济调节、市场监督、社会管理①和公共服务等四项基本职能,社会管理成为政府的四大基本职能之一。十八届三中全会,提出了改进社会治理方式的目标要求,指出必须坚持系统治理,加强党委领导,发挥政府主导作用,鼓励和支持社会各方面参与,实现政府自立和社会自我调节、居民自治良性互动。事实上,在目前的基层社会管理中,政府介入和社会自治能力作为影响基层社会有序发展的两个变量,同时发

① 现代社会管理的理念从20世纪70年代肇始,它继续聚焦于国家性的议题和问题并保持强烈的经验主义倾向,其显著差异是费边主义理念开始瓦解,越来越注重满足纳税人与服务对象而非提供者需要的福利改革,同时对社会弱势的个人主义解释表示怀疑,并因而对以个人行为而非社会结构为核心的政策机制提出批评。

挥着重要作用。充分认识这两支力量各自发挥作用的领域和研究如何实现这两支力量的有效融合是处理基层社会治理问题的科学路径。因此，本书将研究的主题聚焦于作为正式制度安排的村两委背后的非正式规则作用的机制机理，将村庄层面宗房结构、老年会等作为社会资本，来考察嵌入现代村庄政治结构背后的传统社会力量，并分析这类社会资本影响村庄决策的路径和机制。

目前，随着我国城乡统筹发展和城乡一体化进程的加速推进，基层社会尤其是广大农村地区的社会治理成为顺利实现我国宏观秩序良性运转的微观结构基石。斯蒂格利茨指出，社会资本包括隐含的知识、网络的集合、声誉的累积以及组织资本，在组织理论语境下，它可以被看作处理道德陷阱和动机问题的方法。本章就尝试从组织理论视角，基于治理理论，就乡村微观结构（宗房结构、自组织、非正式规则等）切入，来探讨中国乡村社会的治理问题。总体而言，我们将存在于乡村基层社会的微观结构与基层社会整体的融合视作一种“嵌入”，并将乡村基层社会非正式组织或制度视作社会资本来进行阐述和解读，尝试通过探讨诸如宗族、房族等微观结构影响基层社会治理的机制机理和演化路径，并通过田野调查数据的实证分析，来进一步加深对基层社会治理合理路径选择的认识和理解，从而为乡村社会治理的有效开展提供参考与借鉴。

第一节　村庄选举：乡村正式组织的兴起与演化

一直以来，我国是传统农业大国，农村地域面积广，在长期的农业经济发展过程中，形成了独特的农业文明和农村社会格局，尤其是我国南方特殊的人文地理条件，更是孕育出了极具差异性的社会结构与组织架构。农村作为我国农民的最主要居住区，其对广大农民生活基本需求的保障功能不可替代。因此，理解农村社会在长期演化过程中形成的诸多规范、非正式制度以及隐性组织等是理解真实农村的重要基础，如“差序格局”就是中国社会结构和人际关系中的一个显著特点。

本节内容并不试图全方位地讨论乡村选举，而只是通过论述村庄选举来实现我们对社会资本与乡村治理这一主题的讨论。我们认为乡村社会资本是影响乡村治理的重要因素，而这一影响过程的途径之一就是通过社会资本嵌入村庄选举来实现的[①]。

一、村庄选举：制度建设的起步与演化

新中国成立后，中国农村治理结构是社会主义集体制度，国家对农村的控制程度随着社会主义的运动逐渐加强，到人民公社时期达到顶峰。当时的生产大队既是农民群众的生产参与单位，也是农民日常生活的归口组织。村党支部，特别是村党支部书记是组织领导生产大队全体社员开展生产生活的最直接负责者，而当时经济社会生活的简单统一使得单一的治理结构就能够满足简单化的治理需要，但也正是因为生产活动的单一性掩盖了基层社会生活的丰富性以及由此产生的人际互动的复杂性。随着中国进入改革开放的新时代，尤其是随着 20 世纪 70 年代后期去集体化进程的加速，家庭作为一个独立生产决策主体的角色通过土地联产承包责任制而得到确立和发展。由此，家庭之间的互助互动以及横向网络联系因为生产生活活动的多样性而日益增强和复杂化，家庭之间乃至家族之间的互动博弈规则又开始逐步回归诉诸留存于乡村社会的诸多非正式规则，沟通、信任与凝聚重新成为润饰乡村生活的必备因子。同样，我国经济社会进入整体转型发展的新阶段，村庄层面的政治格局也发生了显著的变化，经历了一个由自上而下指定向自下而上选举产生的演变过程。1987 年，在彭真副委员长的领导下，全国人民代表大会通过了《村民委员会组织法》草案，要求村委会必须通过选举产生。至此，村庄选举制度把村委会作为一个独立的、有着潜在竞争性的权威引入到农村治理结构中，虽然当时在候选人确定等方面并未完全放开选举，但仍在基层治理格局中嵌入了一个事实上的新权威结构，为强化乡村社会治理确立了一个正式组织，同时也开启了隐含于乡村社会的非正式组织与由选举产生的正式组织互动影响的演化进程。自此，在乡村治理中，出现了两支力量相互交融、双头作用的格局。[②]然而，农村改革不断深入推进下的社会转型，其内在困境与矛盾日益显现，突出表现为公共服务供给不足、社会有序度下降、不和谐因素增加等。如此种种，其背后反映的是当前我国农村基层治理权力格局中多元主体间的

① 作为积淀于村民意识中的习俗、规范和认同，实际也是乡村社会资本最重要的形式。这些社会资本的长期积累也会通过社会凝聚、信任等方式直接影响乡村治理。

② 所谓两支力量，即指基于法律前提的村级治理结构和基于社会历史习俗条件的非正式组织或制度。

结构性张力。在此背景下,亟须研究探讨如何在乡村社会建构多元主体合作共治的制度性合作格局。其中,界定与认识这些多元主体的内涵与功能就成为首先需要解决的问题。

1998 年,全国人大又通过了《村民委员会组织法》的正式版本,从此选举向全国所有的村庄迅速推广,这部新组织法要求候选人必须由村民提名,且一个人只要有十名村民签名推举,就可以成为候选人,由此,所谓的"海选"登上了我国基层选举的历史舞台。[①] 从此,有关讨论村庄选举的文献资料开始大量涌现。本书将改革开放以后有关村庄选举的大事件加以总结,如表 6-1 所示。

表 6-1　村庄选举事件表

时间	事　件
20 世纪 80 年代初	公社体系解体,乡镇取代公社,村委会取代大队
1982 年	《宪法》制定村委会为村民自治团体,委员会由指定产生
1987 年	通过《村民委员会组织法》草案,要求村委会选举产生
1994 年	一般的村庄开始了选举
1997 年	80%的村庄举办了选举
1998 年	《村民委员会组织法》正式通过,选举推向全国。同时规定,候选人必须由村民提供,"海选"开始

注:该表根据政府公布的相关政策文件整理而成。

在我国的行政结构中,村两委并非国家机关,而是乡镇政府领导的自治组织。而事实上,随着村庄选举制度的引入,乡村干部的行为受到极大的约束。随着村民委员会选举制度的确立,由选举产生的村委会面临着"对下负责"和"对上负责"两种不同的负责方向。所谓对下负责,即村民委员会理论上必须对选民负责,必须兑现在选举之初对选民做出的承诺或者在当选后履行选民所期待其完成的诸项事宜,以获得广大选民的认同,并为有可能的连任储备良好的声誉和名望。所谓对上负责,就是村民委员会作为乡镇政权在村庄层面上的代理人,必须在政治和政策上与上级保持一致,特别是在涉及村民切身利益的一些问题上,如计划生育等方面,乡镇政府必然要求村民委员会能够很好地发挥代理人的作用。村民委员会两种不同的尽责方向,在某种程度上是存在冲突的。此外,《村民委员会组织

① 在 1998 年以前,虽然村民提名、政府指定和村民提名相混合以及由村民代表提名的情况共同存在,但是,主任候选人通常由乡镇政府指定。

法》规定村委会必须在党支部的领导下开展工作。[①] 总体上,伴随选举制度而来的竞争性选举行为使得村干部去留的决定权由乡镇干部转移到了广大村民手中,这在某种程度上有利于村庄民主的发展,并为我国的民主政治发展积累经验。[②] 但另一方面,经过将近30年村民委员会的选举实践,虽然乡村选举业已成为广大乡村居民参与度最广泛的政治活动之一,但是也积累了不少问题,比如竞争性选举带来的贿选问题,商业精英带来的参选积极而当选后行为消极以及基层"从政致富"等现象日益突出,这给有序推进基层民主带来了极大的挑战。

二、乡村政治:传统组织嵌入下的转型与发展

通过乡村选举来透视和理解乡村政治,是一个有效的路径,而理解乡村选举又必须充分考量本书引言中所论及的"两支力量"。事实上,随着这些年国家权力的完善,乡村体制已从传统的民间组织转变为正式的政府组织,成为国家权力在基层的分支,其科层化、正规化、行政化和渗透力得到前所未有的强化。但由于选举已经成为产生乡村正式管理团队的最终决定方式,国家权力的无限扩展受到选举某种程度的限制,尤其是被选举出来的乡村干部不会毫无保留地执行与村民意愿相去甚远的政策或制度。本书并不打算就乡村选举问题展开大篇幅的讨论,而只是把有关乡村选举的主题讨论纳入"宗房结构与选举"[③]这一范围中。关于宗族与村治方面的研究,肖唐镖等学者已经做了许多开创性的研究,指出研究农村宗族与村治、村选举关系意义的重大。然而,在现代社会背景下研究宗族与村治却依然会带来很多质疑,主要原因有以下几个方面:一是宗族的传统组织形式已经消失,而宗族的重建却相对比较难度量;二是宗族的传统功能由以往的显性转为现在的隐性,尤其是随着以往宗族日常性事务的消失,界定宗族功能的难度增加;三是宗房结构等传统形式虽然在组织上和形式上已经式微,但却仍然是村民们情感认同的主要方式,"自家人"或"本家人"的

---

① 现在村党支部书记一般也是由村内党员一人一票选举产生的,故村民委员会与村党支部之间的不一致性相对于村民委员会与乡镇政府之间不一致性要微小的多。

② 学者刘亚伟就指出"中国领导人和学者把村民自治视为中国最终走向政治民主的最重要的途径之一",但以沈延生为代表的国内学者认为"村民自治的运作与理想形态之间尚存在较大差距,以至不少人对其现实可行性存在疑虑"。

③ 虽然改革开放以后宗房等传统力量出现复苏的势头,但是现在隐含于乡村社会结构中的宗房组织或结构相对新中国成立前要松散得多。

观念比较强，这在讨论乡村政治经济发展时是不可回避的事实。[①]

第二节　乡村治理：微观结构嵌入的“组织效应”

社会治理是综合解决社会问题、缓解社会紧张、消减社会矛盾、促进社会和谐稳定、维护与发展社会资本的根本途径，对于促进经济社会可持续发展有着十分关键的基础性作用。发展中国家的社会治理问题是一个复杂的系统工程，对其认识有许多不同的视角。有学者从政治文化、多元治理、民主政治、国家与社会等视角，对中国社会管理进行透视[②]，对建构完善的体制进行了探讨。同时，随着中国改革开放以来政治经济社会的全面转型发展，来自西方的公共选择理论、多中心理论、新公共管理理论和治理理论等也对中国社会管理的政策实践和理论创新产生了较大的影响，其中的治理理论强调寻求政府、市场与社会三者之间的合作和互动，通过调动各种力量和资源达到“善治”的社会体制，对探讨社会管理体制改革与创新具有重要的借鉴和启发意义。乡村社会最显著的一个特征在于它是一个熟人社会，传统的习俗、规范、认同沉淀在村民的意识中，影响村民参与村庄活动的方式、态度，约束着村民们超规则的行为方式。但贺雪峰认为，随着市场经济日益深入传统村落，农村社会与外面世界的联络不断增强，于是日益脱离传统的桎梏，也有学者指出在市场经济条件下，乡村社会内部开始出现了分化和重组，治理结构也出现了多元化趋势，出现了乡村干部与宗族精英、商业精英等多元共治的态势。在本书前面几章，也简洁地论述了我国乡村社会治理演化的历史路径，并指出目前的基层社会特别是乡村社会基本上形成了以村两委为代表的正式组织和以老年会、宗房结构等为代表的非正式组织“共治”的现状。总体来说，自改革开放以来，我国的乡村治理取得了显著的成效，在推动基层民主政治发展甚至国家民主政治的发展方面也发挥了重要的先行先试作用。特别是 2006 年后，随着农业税的全面免除，原先乡村干部与村民之间通过税费征收而必须存在的“硬性”关联因为税收的免除而突然消失，乡村社会从某种意义上进入了一个权利

---

① 在我们的乡村调查中，还专门针对村两委成员尤其是村主任和村支书的姓氏来源和房族来源设置了问题，依此来推断乡村宗房力量对村庄政治的影响。具体的调查数据将在本书的后续部分予以详细交代。

② 这些研究集中在社会管理的角度展开，对传统社会的管理理念和方式存在一定的路径依赖。

义务关系“松散”的全新阶段。这一阶段中,虽然以往那种催促交税的行为已经消失,但是也出现了一些譬如乡村两级机关关系不顺、村干部办事激励不足和难以有效监督、村民自治权难以有效实现、民间组织制度化参与空间狭小等问题,从某种程度上严重困扰了村庄发展的方方面面。

一、乡村社会资本:习俗规范与微观结构

诺思指出,在家庭内部、社会交往或事业活动中,支配结构的绝大部分是由行事准则、行为规范以及惯例来界定的。中外社会管理的理论和实践也已表明,社会管理体制的改革创新不能仅仅集中在国家政策、法治等正式制度层面,还需要重视社会力量及其非正式制度的约束作用,并以两者兼容并举作为创新社会管理体制的重要路径选择。如今,微观经济社会活动也已成为国家经济社会生活的主导方面,这促使我们在探究经济社会发展的宏观层面时必须将观察的视角转向社会的微观层次,其中尤其是要关注镶嵌于乡村基层社会中的微观结构,并通过对其社会治理的条分缕析,汲取其对于社会管理创新的潜在意义。

一般来讲,存在于乡村社会的微观结构大致包括宗房结构、自组织、非正式规则这三个方面。宗房结构是指不同宗族、房族的组成与分布情况;非正式规则是指存在于地方文化与习惯中的那些不成文的行为规则与价值判断;自组织是介于国家和家庭、市场之间,独立存在、自主运作的社会组织形态,包括地缘性组织、血缘性组织、业缘性组织、信缘性组织、文体娱乐性组织、维权性组织等。由于政治、历史、地理与文化等方面的原因,宗族等乡村自组织及其他微观结构在各地的存在类型、发展程度不同,所发挥的功能也有所差别。关于中国作为“文化帝国”的政治特点,历代政治家们都已经深有领悟,蒋中正在《中国之命运》一书中,就指出中国历代王朝政治的特性主要依靠社会和礼俗的“自治”,而非国家的控制。[①] 但总体而言,这些具有自治功能的基层“组织”,在乡村社会治理中的影响早已为学

---

① 中国固有的社会组织,在血统方面,由身而家而族;在地域方面,由家族而保甲而乡社。两方面的系统都很分明,两方面的训练和教育,亦最为古来的贤哲所致力。由个人日常生活方面的箴规,推而至于家,则有家礼,有家训;推而至于族,则有族谱,有族规。在保甲则有保约,在乡社则有乡约和社规。其自治的精神,可以举修齐的实效,而不待法令的干涉。其互助的道德,可以谋公众的福利,而不待政府的督促。言教育则有乡校和社学。言赈济则有义田和义庄。言积谷备荒则有社仓的储蓄于修筑和输浚。[中国国民党中央委员会党史委员会:《总统蒋公思想言论总集》卷四.中国国民党中央委员会党史委员会,民国 73 年(1984)]。

者所重视，并在新的发展时期受到了越来越多的关注。依照我们的观点，正可以将存在于乡村基层社会的微观结构与基层社会整体的融合视作一种“嵌入”，并将乡村基层社会非正式组织或制度视作社会资本来阐述和解读其对于乡村治理的价值。其中，以宗族为核心的乡村非正式组织或结构的“复兴”则是理解乡村治理所不可忽视的重要方面。

事实上，发展社会学家对中国农村地区宗族网络的关注由来已久。有研究表明，宗族的确曾在历史上具有十分重要的乡村治理功能，尤其是在新中国成立前，宗族在中国的大部分地区，尤其是南方地区一直是村级治理的核心。改革开放后，全国各地宗族组织快速复兴，一系列新中国成立之后被取消的行为，如祭祖年会、修缮祠堂、编修族谱等也得以恢复。此外，随着20世纪90年代以后农村地区村民自治的发展，在社会治理方面，一旦非正式组织与正式组织的规范发生冲突，非正式组织所具有的社会网络规范力就会增加正式制度的执行成本，从而降低其有效性。因此，农村基层民主组织与宗族组织之间的互动已成为村庄治理过程中不可回避的课题。在乡村的具体实践中，宗族通过实力原则、裙带传承、亲缘网络等方式影响着村治权力的分配。[①] 由于宗族背景的不同，村干部所享有的权利分量及其工作方式与方法也受到影响，宗族依然是不可忽视的基础性权力资源，它正在以新的机制和方式影响着村治权力的分配与运行，并与国家权力发生着互动。

对于以上论及的诸种现象，可以从社会资本的视角展开解读，社会资本是指个人所拥有的社会结构资源，包括社会组织的特征，例如信任、规范和网络，它通过推动协调和行动来提高社会效率，同时也提高投资于物质资本和人力资本的收益。我们的社会调查发现，在基层社会，社会资本作为一种结构性资源，其影响社会治理的路径不仅仅局限于传统宗房结构对基层社会治理产生的直接结构性影响，还可以通过影响正式组织——如宗房结构影响村委会的选举和相关决策的执行——来间接影响基层社会治理的效率。从董翔薇、崔术岭、肖唐镖等人的研究成果来看，宗族等乡村自组织是乡村文化的重要内核，是构成村民日常生活与交往活动的重要基础，它已内化为乡村治理规则与逻辑的重要元素。更值得一提的是，在村落层面，乡村社会内生的一些传统组织资源如宗族等自组织及其治理体现着浓厚的直接民主色彩，应当并可能成为推进基层民主建设的组织基础。

---

① 这些功能还通过隐晦的选举操纵而得到强化，尤其是当金钱资本插手基层选举时，乡村传统结构似有了养分补充而得以“复活”。

如肖唐镖在江西农村多年的田野调查就发现,农村治理中的正式政治组织,如村两委和村民小组往往依据行政化、集权性原则运作;而一些非正式组织却往往按民主化、自治性原则运作。因此,在当今乡村社会的组织化程度较低,组织资源相对匮乏的情境下,宗族、房族及其他自组织与俗规作为一种糅合传统与现代于一体的社会资本形式,以非正式制度的方式填补了正式制度缺位或错位后留下的空场,它实际上有助于民主政治的成长和发展。[①]

关于社会资本的度量,本书已在文献综述部分予以了多种介绍,但对村域社会资本的度量总体显得不足。村域社会资本隐含于特定的村落范围内,突出表现了村落作为一个生产生活共同体的习惯、历史、民俗、认同等方面的特质。在普特南看来,村域范围内部的信任关系和规范就是村域社会资本,而裴志军认为可以从普遍信任、规范信任、正式网络、非正式网络、共同愿景与社会支持等六个维度来测量村域社会资本。我们认为,通过测量村庄范围村民之间信任程度的高低、凝聚力的强弱、归属感以及志愿主义等指标确实可以反映村域社会资本的存量大小,但在实际调查中,完成这一度量工作却并不容易。因此,出于本书研究的主题是针对村庄层面而并非村民层面这个原因,本书特将留存在乡村层面的姓氏和宗房结构等能反应村庄内部分化和紧密程度的指标作为村域社会资本的一种度量,认为村庄内部姓氏构成的多样化是导致村庄内部冲突的一个潜在因素,却也是提供异质性信息和资源的主要动因。同样,同姓同宗范围内,房族结构的多样性也是异质性信息的主要来源。

二、社会资本与乡村治理:嵌入村庄选举的实现路径

嵌入(Embeddedness)一词最早可以追溯到波兰尼[②],后经由格兰诺维特的重新表述而成为新经济社会学的纲领性术语,“嵌入理论”也随之成为解释经济社会现象的重要理论之一。本书将“嵌入”一词应用于更加微观的层面,将存在于基层社会尤其是乡村的微观结构(如宗房结构)与基层社会整体的融合视作一种嵌入,同时也将宗族等基层社会非正式组织视作社会资本的一种载体和传承物来看待与分析,从而期望为解析基层社会提供

① 前提是将不同宗族之间的潜在恶性竞争纳入到可控的范围之内。

② 波兰尼认为经济本来是“嵌入”在一系列社会关系之中的,市场交换的行为受到各种社会习俗和价值规范的约束。

一个结构性的视角。[①]

本节内容依然围绕村级层面的社会资本展开讨论，立足于社会资本对经济社会转型发展具有极为重要的作用这一基本前提，认为村庄内部包括宗房结构等非正式组织对村庄产业经济的发展以及基层选举具有十分重要的影响，认为嵌入乡村社会的微观结构就是乡村社会宏观层面的社会资本。在田野调查过程中，考虑到年龄因素，特以村支部书记为访谈对象，设计的数据包括村域范围（以行政村为单位）居民纠纷次数和解决方法，公共品提供（自来水、水泥路等），社戏等文体活动的频率，村民选举过程中的投票率，基层组织、社会组织活动（妇联活动、老年会活动等），村民代表大会频率，公益事业捐助，公益事业（垃圾处理、投工投劳）等参与频率，村庄绿化以及村庄规模，产业发展状况，就业和工资，收入等。其中采用县政府、乡镇政府和村社三个主体相结合的方法提取数据。

问卷调查内容涉及各行政村的资源概况、基层治理、宗族活动及其他自组织的发展情况。因为调查采用了问卷作答与当面访谈相结合的方法，故在调查结果的展示上也使用了统计分析与文字叙述相结合的方式。此外，我们也收集了每一个行政村的农经统计数据。

在行政村调查过程中，将诸如修建祠堂、厅堂以及修建、续建族谱等带有传统色彩的行为视作强化乡村社会资本的一种表现。[②] 调查显示，在170个抽样样本中，建有祠堂的村庄比例达到43.5%[③]，而修族谱或续族谱的村庄比例则达到82.1%[④]，而代表传统社会资本的宗房组织的作用首先表现在“本家”人红白喜事的办理上，其次则体现在增收致富路上的“传帮带”，一些专业村正是从某个核心家庭开始按照“差序”法则逐步发展壮大而成。另据调查结果表明，在基层社会，社会资本作为一种结构性资源，其影响社会治理的路径不仅仅局限于传统宗房结构对基层社会治理产生的直接结构性影响。宗房结构作为一种非正式组织结构，还可以通过影响正式组织，即宗房结构通过影响村委会的选举和相关决策的执行来间接影响基层

---

① 本文是将“嵌入”一词局限于社会领域本身的融合问题，而并非如波兰尼或格兰诺维特所论述的社会因素在经济现象中的作用。

② 修建祠堂、厅堂或族谱等行为往往需要一笔不小的费用，而这笔费用又需要本族人或同房族的人员集资而成，往往集资行为与族人的相互认同和互动程度有关，即便是修建活动所需要的费用由族内某一两个杰出人士捐资而成，也能增强本族人员内部之间的互动和往来。

③ 这一比例最高时达到72%，很多祠堂在特定历史阶段遭到破坏，现有的一些祠堂也都是在改革开放后逐步得以修建。

④ 修族谱或续族谱从某种意义上都可以视作是对宗族文化的再认同，都是对宗房结构的某种操练和梳理。

社会治理的效率，对调查数据的统计分析结果显示，总样本中 78％的村主任来自村中的大姓氏①，72％来自同姓宗族中的大房族。相比村主任而言，村支书受到姓氏的影响更大，而受到同姓房族的影响相对较小②，具体分析结果见表 6-2。

表 6-2　村两委负责人来源表(％)

乡镇代码	村主任		村支书	
	大姓氏	大房族	大姓氏	大房族
A2	78	67	76	76
B2	80	100	100	80
B3	63	81	88	69
B4	79	68	95	63
B5	82	76	80	56
B6	85	75	95	65
B7	75	65	75	60
C1	80	53	60	47
C2	69	77	67	75
C3	91	55	80	40
C4	92	85	83	75
C5	63	63	63	63
总样本	78	72	81	64

注：在问卷调查中，A 代表纳入县城的街道，B 代表镇，C 代表乡。此处将各村庄的经济社会诸因素控制，纯粹通过村庄选举的结构来观察宗房组织在基层选举中的直接影响。A1 和 B1 的数据缺失，故未列入。

由表 6-2 中数据可知，虽然姓氏和房族对村主任和村支书的影响存在差异性，姓氏对村支书的影响大于村主任(81％大于 78％)，而房族对村主任的影响大于村支书(72％大于 64％)，但可以清晰地看到姓氏和房族对村主任和村支书的来源影响都比较大，而村支书和村主任又是目前基层治理

① 事实上，浙中的诸多农村在姓氏结构的分布上比较趋同，即一般总是以一个姓氏占据多数，其他姓氏相对较少。所以，为凸显宗房结构对基层选举以及基层治理的效应，调查进一步分析了同姓宗族中的房族结构。

② 目前村主任由村民直接选举产生，在多个候选者的情况下，村民选票更加倾向于投给“本家人”。

事务的主要参与者与执行者，据此可以说宗房结构通过选举程序将代理人嵌入到村庄的整体社会结构之中，对基层社会治理产生影响。①

近年来的村治实践也不断表明，在村级层面已经出现了权力与权威的分离，村两委的治村行为在遵循上级政府政策安排的同时，往往要依靠其他因素，而宗族、红白理事会、宗教组织、民间信用组织、供销合作组织等乡村自组织就成为其中最为重要的因素，这一点在解读乡村社会治理状况时必须得到重视。同时，在对村支书和村主任的数据特征进行描述的过程中，还发现在工作年限、受教育年限、企业管理经验、创办企业、姓氏来源和房族来源以及是否来自大自然村等方面存在较大的差异，尤其是在村主任和村支书的姓氏、房族以及自然村来源方面，两者在均值和方差方面都存在较为显著的差异。（见表 6-3）

表 6-3 村两委基本统计特征描述②

	村支书		村主任	
指标	均值	标准差	均值	标准差
工作年限	7.97	6.73	3.67	3.83
党龄	16.63	8.79	—	—
是否本村入党	0.73	0.44	—	—
教育年限	9.37	2.45	8.94	2.03
企业管理经验	0.51	0.50	0.64	0.48
个体经营经验	0.53	0.50	0.59	0.49
任职前办企业	0.54	0.50	0.73	0.44
任职后办企业	0.61	0.49	0.69	0.47
大姓氏	0.81	0.39	0.78	0.42
大房族	0.64	0.48	0.72	0.45
大自然村	0.88	0.33	0.79	0.41
有效样本数	179		182	

注：数据描述基于调查的 189 个行政村，并通过筛选有效样本而得。在此处，忽略掉村庄的基本情况描述，纯粹从村支书和村主任的社会特征入手。

在姓氏来源上，村支书出自大姓氏的均值高出村主任，且波动性更小，

① 本书对社会治理绩效并没有深入讨论，事实上，村主任和村支书作为选民的代理人，在村庄事务包括村庄治理在内的各个方面所发挥的作用正在不断增加。

② 表中所列指标，除了工作年限、党龄以及教育年限等是用具体数字标示外，其他指标都是 1 或 0 的二值变量。

村支书受到姓氏内部大房族的影响则相对村主任而言更为不明显[①]，而由村民选举产生的村主任对宗房结构的依赖性远胜于村支书，对村庄内“领导人”来源的追溯从一定意义上为有效推动乡村社会治理提供了鲜明的思路，尤其是在公共计划出台以及公共工程推动方面，可以为工程项目的建设实施找寻良好的民众基础。[②] 事实上，在访谈中也确实发现村两委在具体的政策执行中，不仅仅会征集村民代表的意见，同时也会征求老年会诸多成员的意见，以便在通过平衡不同大房族成员的利益基础上，使得政策具体执行具备“合法性”与“合意性”。比如在调查村庄层面各类冲突事件的处理方法时得知，一些简单的民事事件、邻里纠纷等问题的处理主要还是借助于村民之间的内部协调和村内除冲突双方外的第三方出面解决。如当问及“(1)本村发生的需要村主任或支书出面解决的纠纷次数；(2)本村发生的需要镇(乡)里干部出面解决的纠纷次数；(3)本村村民之间发生纠纷而上法院的事件数”这三个问题时，统计上来的数据80%是无，10%左右是有一两次，剩下的则有回答超过两次。因此，从某种意义上说，即便在法制化不断健全的基层社会，很多村庄内部的社会纠纷主要还是依靠乡里乡亲们所遵循的一套非正式的规则和体系解决。但一个事实也不容忽视，随着这些年市场化趋势的不断发展，尤其是随着人口流动性的增强，人们通过法律武器来维护自身利益和解决纠纷的现象呈现出不断上升的趋势。

三、乡村治理的拓展讨论

通过调查还发现，包括修建祠堂、修续族谱和修建寺庙等带有某种复古色彩的活动随着经济社会的发展呈现某种上升趋势，90%以上的村庄已经修好和正在续修曾经一度遗失的族谱，并且整个修续活动是跨地域进行的[③]，这不仅进一步加强了同族认同，同时还借助修续活动以社会网络形式的扩散过程加强了同族资源使用的潜在范围，且村民私人捐助以及村民集资兴办这类活动的比率不断上升，这在一定程度可以说明村民自发参与传

---

① 一般而言，村支书都是由村庄内部全体党员选举产生，但由于党员培养相对独立于村庄的社会结构，且数量上也相对较少，使得村庄内部结构影响到村支书选举的程度较小。

② 前提是不存在宗族之间的对抗性矛盾。事实上，同姓之下房族之间的矛盾相对于不同姓氏之间的宗族矛盾，其对抗性要低得多。

③ 所谓跨地域修续族谱是指族谱修续的组织者将散落于县域范围内或省域范围内甚至跨省的同姓宗族人纳入同姓族谱的修续过程，其主要是为了加强同宗人的认同感。

统力量的复建意愿。[①] 因此，可以说社会资本作为一种结构性资源深深嵌入到基层社会有机体中，通过影响作为正式组织的“村两委”来影响基层社会治理的效益，而且社会资本本身作为一种客观存在，还通过影响基层社会的规范、信任等文化心理来影响基层村民的行为方式，从而影响基层社会治理的效益。对于社会资本影响基层社会治理的有效性问题的基本路径，我们可以总结如图 6-1 所示。

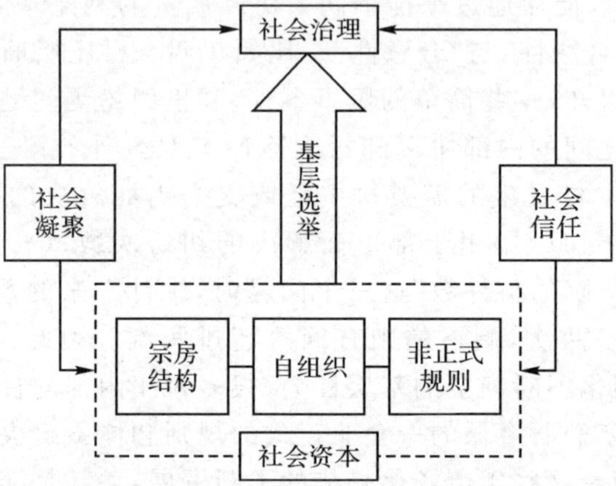

图 6-1　社会资本影响社会治理示意图

另据调查发现，自组织也曾一度如宗房结构一样影响着乡村社会的发展。早在新中国成立之前，基层村民因为购买能力的有限，曾一度组织起各种带有生产互助和生活服务性质的“会”，如“戏会”“路会”等。[②] 会员们不仅共同购置土地以保证围绕“会”所进行的生产生活活动，而且通过“会”的组织来实现资源的互补和互享。这些不需上级政府任何审批程序的自组织，不仅仅发挥着生产互助的功能，同时也发挥了实现基层社会内部自我治理[③]的强大功能。虽然目前这种带有生产性质的“会”因为生产关系的改进在很多地方退出了历史舞台，但近年来又在发达地区如温州等地以新的形式发展。而分布遍及全国的并非基于血缘亲缘的组织，如老年会等更

① 这作为一种传统力量的“复兴”，与现代市场经济的发展正在同步推进，其对我国经济社会发展所产生的影响不容忽视。

② 该资料于 2011 年夏天乡村实地访谈获得。

③ 当时的自我治理主要围绕生产活动展开，其实生产活动的良性治理是实现当时社会良性治理的基本保障。

已开始逐步成为影响和左右基础社会治理的重要因素。[①] 例如,据阮云星、张婧对浙江省三门县刘村"刘老会"10 多年成长历程的调查发现,"刘老会"作为当代刘村自为的老龄团体,它与共同利益分群的团体(Common-Interest Associations)有某种交叠,从日常实践上看也有制衡传统宗族规则方面的一定功能[②]。"刘老会"作为村庄内部次级组织,有助于松缓乡村分层带来的社区紧张,促进村庄共同体认同,是发育中的农村公民社会的一种组织和机制,似乎还成了"村庄性公共领域"的一个重要生长点,是"村民自治"得以落实的重要自组织基础。因此,从"嵌入"的角度来看,诸如宗族、老年会之类的基层自组织团体,已成为乡村微观结构的重要组成部分,并很自然地嵌入基层社会,影响并促进着基层的社会治理。

第三节 社会资本与乡村治理绩效的实证分析

在研究乡村治理问题时,度量乡村治理的绩效是一个重要却又困难的方面。郭正林认为,可以从经济增长与分配、公共产品或服务的供给能力与效率、政治文化与公共参与以及社会秩序与行为规范等四个方面来反映村庄层面的治理绩效。本节内容结合调查数据,就乡村治理的绩效进行了某个侧面的实证分析。

一、数据来源与统计描述

本节内容结合前人的研究,通过统计村庄内部村民之间或村民与村干部之间的冲突以及冲突解决的方式来间接度量村庄内部的治理绩效,如我们在调查问卷中设计了"(1)本村发生的需要村主任或支书出面解决的纠纷次数;(2)本村发生的需要镇(乡)里干部出面解决的纠纷次数;(3)本村村民之间发生纠纷而上法院的事件数"等问题。此外,本书也认为村庄层面的经济发展尤其是村民的人均收入水平也是度量村乡村治理绩效的有效指标。本书收集了调查样本村的农业经济统计数据,其中涉及的村庄产

---

① 诸如老年会这样的非正式组织,虽然并没有实质性的职能,但往往成为村级政府为实现决策执行顺利而必须"取悦"的对象。

② 年龄段制与家族—宗族组织具有紧张关系被人类学社会学研究所证明。如日本农村的事例,参见鸟越皓之:《日本社会论:家与村的社会学》,王颉译,社会科学文献出版社 2006 年版,第 155—156 页。

业结构和发展、村民就业和收入等指标，以此来度量乡村治理的绩效。在研究乡村治理问题时，度量乡村治理的绩效是一个重要却又困难的方面。

由于调查过程的不完备性以及一些有缺陷的数据的去除，导致各个变量的样本量并不一样。此外，原本还试图控制的村庄层面实物资本数量(如农地等)，也由于数据的不集全而舍弃，而只是控制了村庄层面上的人口规模和地理位置。因此，从某种意义上说本书所进行的计量回归分析由于数据上的变量遗漏等问题的存在，使得整个分析结论可能会呈现出某种程度的偏离。

表 6-4 给出了各变量的主要统计值，调查的 282 个村庄年总收入对数(LNincome)的均值为 7.24 万元，方差为 1.55，其中年总收入对数最低为 4.09 万元，最高为 10.51 万元。从村庄内部社会资本统计情况来看，有 148 个村庄给出了村庄内部姓氏数量(xs)，这 148 个村庄的平均姓氏数量为 4.22 个，方差为 2.59，姓氏最少为 1 个，最多为 15 个。有 148 个村庄给出了当前村里是否有祠堂的信息(ct)，这 148 个观测对象中有 45%的村庄建有祠堂，其余没有建祠堂。调查到的村庄历史上是否有祠堂(ctls)的样本有 106 个，其中 26%在历史上建有祠堂，其余没有祠堂。从村庄内最大姓氏房族数(fz)的调查看，148 个样本的平均值为 4.14 个，方差为 2.03，最大姓氏房族数最少为 1 个，最多为 12 个。从村庄内厅堂数量(tt)的调查看，148 个样本的平均值为 3.24 个，方差为 2.62，厅堂数量最少为 0 个，最多为 18 个。对村庄政治资本的测量主要看村庄在乡镇以上部门工作的人口数量(pc)，153 个样本的平均值为 4.58 人，方差为 6.12，在乡镇以上部门工作人口数量最少为 0 人，最多为 50 人。从村庄内党员数量(LNdy)的调查看，153 个样本的党员数量对数平均值为 3.18，方差为 0.58。从村庄海外关系(fc)的调查看，152 个样本平均具有海外关系的人数为 0.94，方差为 1.3。从村庄特征的统计情况来看，各村庄距离县城的平均距离对数(LNdistl)为 2.79 千米，方差为 0.55。各村庄平均人口规模对数(LNrk)为 6.31，方差为 0.68。平均村民小组数量(Team)有 8.68 个，方差为 7.26，村民小组数量最少 1 个，最多有 37 个。调查样本中，只有 7.5%的村庄是乡镇府所在地(Central)。

表 6-4　变量的统计描述

Variable	Obs	Mean	Std. Dev.	Min	Max
LNincome	282	7.236466	1.551508	4.094345	10.51143
xs	148	4.222973	2.589411	1	15
ct	148	0.445946	0.498757	0	1
ctls	106	0.260632	1.322381	0	1
fz	148	4.141892	2.033763	1	12
tt	148	3.243243	2.622824	0	18
pc	153	4.581699	6.115785	0	50
LNdy	153	3.177317	0.576503	1.791759	4.574711
fc	152	0.94079	1.308321	0	6
LNdistl	174	2.792498	0.545805	0.693147	3.73767
Central	174	0.074713	0.263686	0	1
Team	268	8.675373	7.255311	1	37
LNrk	268	6.307557	0.678927	4.875197	7.912789

注:本表同样根据乡村社会的田野调查数据整理而成。

二、计量分析及结论

计量分析的结果详见表 6-5,由表 6-5 可以清晰地看到,在众多控制变量当中村庄党员数量的多少对村民收入水平正向影响是显著的。

表 6-5　乡村社会资本与村庄治理绩效的实证分析结果

Lnincome						
	(1)	(2)	(3)	(4)	(5)	(6)
xs		0.0185				
		(0.0524)				
ct			−0.0596			
			(0.2724)			

续 表

Lnincome						
	(1)	(2)	(3)	(4)	(5)	(6)
ctls				0.2443**		
				(0.1169)		
fz					0.1016*	
					(0.0572)	
tt						0.1554*
						(0.0525)
Pc	−0.0004	−0.0001	−0.0000	−0.0000	−0.0001	−0.0000
	(0.0004)	(0.0004)	(0.0004)	(0.0005)	(0.0004)	(0.0004)
LNdy	0.8966***	1.0069***	1.0211***	1.0805***	1.0306***	0.8799***
	(0.2266)	(0.2102)	(0.2082)	(0.2404)	(0.2127)	(0.2436)
fc	0.0002	0.0005	0.0004	0.0003	0.0005	0.0004
	(0.0008)	(0.0006)	(0.0007)	(0.0008)	(0.0007)	(0.0006)
LNdistl	−1.0831***	−0.8997***	−0.8622***	−0.6347**	−0.8836***	−0.9281***
	(0.2819)	(0.2480)	(0.2551)	(0.2752)	(0.2441)	(0.2459)
central	−1.0101**	−0.6059	−0.6001	−0.4777	−0.5866	−0.6804
	(0.5026)	(0.4290)	(0.4283)	(0.4940)	(0.4297)	(0.4322)
team	−0.0223	−0.0122	−0.0069	−0.0032	−0.0106	−0.0116
	(0.0314)	(0.0289)	(0.0295)	(0.0331)	(0.0289)	(0.0284)
LNrk	0.4992	0.4351	0.4149	0.3919	0.4331	0.4375
	(0.3228)	(0.2860)	(0.2936)	(0.3612)	(0.2873)	(0.2841)
Obs	96	83	82	59	83	83
R−squared	0.3695	0.4902	0.4820	0.5220	0.4893	0.4969

注：*** $p<0.01$，** $p<0.05$，* $p<0.1$。

这可以做如下解释：农村党员作为村庄内部的精英分子，其创业就业和带动村民致富的能力较一般村民要强，党员作为基层先进生产力的代表，其服务广大村民创业就业、转移转化的能力同样更强。因而，村庄党支部党员数量越多，村民收入水平越高也就在情理之中。事实上，目前村支书和党员队伍作为农村基层最重要的建设者和发展者,其在村民增收致富奔小康的道路上发挥着极为重要的先锋模范作用。另外一种解释是,在现有的政治架构中,一个村庄范围党员数量越多,意味着该村在政治上与上级政府的联系越密切,得到的用于村庄建设和发展的各类支持和资助也就相对较多,自然而然提高了村民们获得更高水平收入的可能性。同时,地理位置也直接影响到村民收入水平状况,这种影响作用在统计上还是比较明显的,此结论也十分符合现实。此外,在不考虑社会资本因素的前提下,村庄是否为乡镇政府所在地对村民的人均收入水平有显著影响,但是一旦考虑到除去政治因素和地理位置因素的影响时,可以发现一个村是否为镇域中心村不影响村民的人均收入。这恰恰也从另一个方面辅证了社会资本对村民收入水平的正向影响作用。

在我们的计量分析中,可以发现包括房族在内的村域社会资本对于村民人均收入水平影响是存在的,虽然在统计中这种影响作用并不十分显著。相反,观察发现一个村庄在历史上是否有祠堂却会影响到村民的人均收入水平,且这种影响在统计中非常显著。为此,本书的解释是,村庄在历史上是否有祠堂意味着这个村庄在历史上是否具有凝聚力强的宗族势力的存在,从而为村庄的后续发展提供了一定的社会基础。可以说,这其实也是从另一个层面反映了村庄的原有基础对村民现有收入水平的影响。

同时,也可以看到村庄内姓氏规模的大小对村民收入水平的影响在符号上是正的,这意味着姓氏构成越复杂,越有利于村民收入水平的提高。除了不同姓氏之间的良性竞争可以引起的村民收入水平的整体上升之外,村庄社会资本对村民收入水平影响不到的原因跟数据选择也有关系,事实上随着新农村建设运动的开启,很多农村公共服务的提供都由政府代劳了,这在某种程度上削弱了村民互动的强化。另一方面,统计数据是统计在村居民的收入水平,而事实的情况是,诸如浙江省这边的一些乡村基本上是空心村,留下来的都是一个“老弱残少”,其样本的选取本就是比较偏离真实情况的。

第四节　小　　结

概而言之,对于我国的社会治理,我们必须在有效总结经济社会发展经验的基础上,一方面从宏观层面上积极构筑以社会资本为纽带的政府、市场与社会微观结构相结合的综合发展体系,将优化社会治理、强化社会建设纳入到增强社会资本的视角下进行科学分析，加强新型社会资本投资以培育与社会治理相适宜的社会资本，从而为顺利实现中国经济社会的成功转型提供良好的社会环境。另一方面也需要从基层微观层面上强化社会治理的社会资本考量，将基层社会尤其是广大农村地区的社会和谐稳定与发展纳入到综合考虑传统与现代、正式制度与非正式制度、显明组织架构和隐含结构组织的互动框架中，以综合历史和社会的分析方法，实现基层社会治理绩效的显著提高。

关于社会资本的研究正在不断兴起，其解释的领域也正逐步扩散。中国作为一个世界上最大的转型经济体，比经济转型更为缓慢但却也更为重要的是社会的转型。社会转型的缘起、基础以及方向，是当下研究者必须考虑的重要议题。社会资本作为积淀于传统中国社会组织体中的结构性资源，必须成为转型研究所不可忽视的方面，尤其是在探讨基层社会治理，甚至宏观社会治理时，绝不能忽视潜在于社会有机体内的各种力量，不论这些力量是好是坏，只要影响着社会的正常前进，就都必须给予足够的重视。本书仅仅从社会资本的视角出发，提出了在基层社会治理方面要关注微观结构的嵌入特征，注重将正式制度安排与非正式制度的运行实现有效衔接的理论命题。在操作层面，尚需我们立足于实证研究，并结合国际经验和历史脉络，研究提出具体的建议举措。

第七章 结　语

把一个国家的兴衰、一个民族的没落的庞杂深邃的问题，全部归结在一个儒家文化头上，当然有些粗鲁与肤浅。更重要的是，在那种极端的预设前提下，就不能平心静气地了解判断我们自身传统的核心价值的优质部分……作为一种成熟的文化形式，它的知识精英既要形成一种传统的批判意识，又要有一份对传统文化的珍惜。

——杜维明

现阶段，按照世界银行标准，我国已成功进入中等收入国家行列。然而，长期以来过度偏重于经济增长的发展模式，使得社会建设明显滞后，到如今不得不提前面对与拉美、南亚等长期徘徊在中等收入水平国家类似的众多社会问题。社会资本作为存在于社会系统中的隐性资本，其嵌入政治、经济、社会和文化重叠的系统之中，在当前发展和转型发展的过程中发挥着基础性的支撑作用，尤其是给经济和社会的发展提供了行为准则、规范、信任等关键要件，使得各类正式制度在发挥作用时具备厚实的社会文化基础。虽然社会资本概念和相应理论体系的提出时间并不久，但一个不容忽视的事实是，社会资本对经济社会发展的重要作用由来已久并将长期存在，特别是在熟人社会的经济社会行为中，更显得十分普遍。本书以目前我国正在经历的转型发展为叙述背景，结合日益丰富的社会资本相关理论和经验研究成果，认为社会资本作为制度支撑、资源支撑和组织支撑，在现阶段的经济社会发展进程中发挥极其隐蔽却极为重要的作用，特别是在熟人社会、半熟人社会以及逐步向陌生人社会转变的过程中，社会秩序也面临解构与重构同步展开的过程，而社会资本在其中所扮演的角色依然值得引起高度重视。

第一节　结论展望

现阶段，有关社会资本相关理论和经验问题的研究正在持续深入和广泛开展，研究领域覆盖了经济、社会、政治、文化等多个方面。不得不说，在经济社会发展进入大转型的历史形势下，对社会资本相关问题的研究必然会焕发出蓬勃的生机和活力。社会资本研究序幕的揭开，拓宽了人们认识和理解众多经济社会现象的视角，为当下人们深刻认识现实、把握发展的特征以及定位未来的道路模式提供了极其重要的参考。本书作为一项初步的研究成果，主要可以提炼和概括出以下几条结论。

第一，本书总体上认可和支持我国在过去、现在以及未来的经济社会发展离不开历史人文传承的观点，也指出具有深远历史并已内化到人们思维深处的习俗、规范、组织、结构、信任等为改革开放30多年来的经济社会实现跨越式大发展提供了强有力的支撑。应该说，在这个阶段内，蕴含于民间社会并长期遭受抑制的丰厚传统社会资本的自觉苏醒和惯性运作填补了快速市场化过程中约束个体行为和经济行为的各类正式制度的不足，“旧秩序”的延续为“新秩序”的产生赢得了时间和空间。然而，随着市场化进程的进一步加快，经济社会生活的日益复杂化和人口跨地区大规模流动趋势的加强，很多新情况、新问题超越了原本相对封闭和静态的传统农业社会所能应付和解决的能力边界，加上正式制度的变迁只能缓慢地在试行和适应的过程中亦步亦趋地完善与新生，客观上造成了经济社会发展的现实和与之相匹配的正式或非正式制度之间形成较大的裂痕，我国的社会转型与经济转型也开始出现某种错位。这将中国带入了传统社会资本的功能和作用日益减弱并开始出现波动变换的新阶段，正如学者张克中指出的一样，我国因社会问题日益堆积，在经济发展过程以及后续的转型过程中都将遭遇大量的“社会资本赤字”，即传统的或原有的社会规范或秩序难以支撑现代经济社会的发展，从而表现出社会诚信遭遇危机、社会矛盾丛生、利益分配失衡、秩序和规范混乱、社会参与度低、社会组织发展滞后等种种现象。如何保留传统社会资本的积极成分、培育与塑造新兴社会资本无疑成为了实现经济转型与社会转型并轨且同步的一个关键主题。

第二，本书认为社会资本作为正式制度的一种补充，在建构人们共同的价值认同，确定人们的行为准则，塑造人们的行为规范以及推进社会的良性治理方面具有极为重要的作用，尤其可以为现阶段我国推进治理能力和治理体系现代化、建设和谐社会提供重要线索。社会治理的主体和客体都是人，而人与人之间是对话关系还是对抗关系，是猜疑关系还是信任关系等取决于外部条件的约束，更取决于人们先入为主的思维模式，与社会资本所体现的理论和经验高度相关。唯有公民广泛参与，且具有共同的信任基础，实现治理能力和治理体系现代化才具备前提条件。同时，和谐社会也并非一个抽象概念，其具体到人，同样也是人与人之间的和善友睦，是“爱国、敬业、诚信、友善”核心价值观所倡导和呼吁的人文氛围和社会环境。在具体的实践过程中，和谐社会的建设是着眼构筑平滑良性人际互动、推动社会实现公序良俗的一项重要工程，单一的经济、政治或社会方面的改革无法如愿实现社会和谐，要在充分理解现实世界有序运行的层级和内在逻辑秩序的基础上，从社会、政治、经济、文化“四位一体”的角度切入，方有可能取得预期结果。现有的国际经验也表明，寻求政府、市场与社会三者之间的合作和互动，动员社会力量、培育社会组织、凝聚社会人心才能实现有效有序的社会治理。

第三，在国与国之间的竞争合作关系日益深入的现阶段，挖掘和弘扬传统文化的精髓，持续加强社会资本投资已然是增强我国发展“软实力”的重要战略举措。其中，存留传统社会资本的活力和培育新型社会资本的潜力是两项重点工作，也是下一阶段中国经济社会发展必须正视的重点难点问题。某种程度上说，由于经济自身发展演进而带来的中等收入陷阱，能否顺利跨越的奥妙不仅仅在于经济改革之中，更需要经济之外的外部动力的助推。作为世界上人口最多、体量最大的发展中国家，我国能否成功跨越中等收入陷阱，直接关系到十三多亿人的福祉，更关系到中华民族伟大复兴、“中国梦”的实现。在这个过程中，从以往一味追求经济增长的发展模式中解放出来显得十分必要，需要将发展的目光更多转向民生幸福与社会和谐。为此，在未来的发展道路上需要注重构造以社会资本为纽带的政府、市场与社会相结合的综合发展体系，将优化社会治理、加强社会建设纳入到继续发挥中国传统社会资本和培育新型社会资本的视角下进行理性考量。在具体实践中，需要加大对传统社会资本的反思和新型社会资本的投资，培育形成与现代市场经济发展相适宜的社会资本，从而确保中国在全面走向现代化的过程中“蹄急步稳”。

第四，作为研究对象的“社会资本”并非就是“完美”的。相反，它也存在较多的“负面效应”。其中，对社会资本批评最多的就是其所具有的排他性使得其在利于共享者的同时造成负的外部性，并且有可能会造成新的社会不平等。波茨就进一步指出作为社会资本的社会联系虽然能够有效地约束个人行为的随意性并为资源获取提供特殊渠道，但这同时也很大程度约束了人们的自由性和创新性。同时，社会资本的积累与再生产同特定群体或地域空间存在密不可分的联系，这也使得社会资本呈现出具有相当封闭性的社会结构特性。事实上，近些年来发生在个别地方的因互保、联保方式而导致产生资金链断裂的“多米诺骨牌效应”正可以在某种程度上为那些批评社会网络负面效应者提供有益的佐证，更不用说一些具有犯罪性质的非正常社会组织或社会团体的存在，也使得社会资本或社会网络饱受诟病。为此，虑及社会资本有可能出现的诸种负面效应，有学者甚至提出了“放弃社会资本”的主张。然而，本书认为，对于社会资本固然应当一分为二地看待，但也必须认清主流、把握主流。事实上，社会资本作为一种客观存在，其所谓的负面效应并非社会资本本身的内在属性，而只是在与特定制度环境结合的时候，方产生了与主流价值体系不相符合的一系列现象。此外，回顾传统社会，可以发现其具有较为明显的“分块型”特征，具体到基层社会，就可以发现这个相对统一的社会整体事实上是由大量如社区、村庄、家庭等具有同质性却又独立性较强的社会单元组成的。相反，现代社会包含了大量的“叠加性”社会群体，其成员具有各式各样的角色或身份。“分块型”传统社会里的社会资本其封闭性、同质性、紧凑性的特征十分明显，而现代社会的社会资本则相对具有开放性、异质性和松散性。但是不论何种形式的社会构成里，以社会网络代表的社会资本都具有正外部性与负外部性并存的重要特征。为此，如何构建良好的体制机制，挖掘和发扬传统社会资本的正面作用，规避传统社会资本具有的一些天然的负外部性，是一个重要的话题，对于我国在新时期推动文化建设具有十分重要的借鉴和启发意义。

事实上，在市场经济发展的早期，体现人际互动和强化人际关系的稠密网络在解决配置和分配问题时发挥着重要作用，特别是在具有相对封闭性和规模较小的区域空间内或组织范围内，这种体系的运作效率就相对较高。当市场活动逐渐演化发展起来，原有的人际互动规范、原则和秩序有些变得不必要甚至被摧毁了。在这个阶段人格化交易与非人格化交易共同处于市场环境当中，出现“人格化交易”挤压“非人格化交易”的趋势，并将在转型时期长期存在。作为市场补充机制的社会资本由于在初始阶段获取了丰厚的回报，使得社会资本的持有者在市场规则开始演化生成的新阶段中不愿意自愿退出，进入一定程度的“路径锁定”状态。本书的研究，并没有就其正反面的效应对社会资本进行深入分析，而主要肯定了社会资本的积极作用。总体来说，本书围绕社会资本理论与实践而展开的分析是十分有限的，更多地遵循了以往关于社会资本的研究思路，从社会资本的正向效应角度来阐释其对经济社会发展的客观影响，总结了其中有可能的实现路径与运行机制。但实践也已不断表明，社会资本确实存在多个方面的消极功能，就社会资本的缺陷和对经济社会有可能存在的负面影响未加以深入剖析，是本书最大的不足。此外，本书在不同章节展开论述时，所采用的社会资本的定义和测度也存在不一致性。这虽然并不影响全书的逻辑一致性，但由于概念不同而带来的质疑会在很大程度上削弱本书的分析效果，从而影响对社会资本及其理论应用的认同。基于上述考虑，本书特提出以下几个方面的研究展望。一是在研究社会资本的作用机制和效应上，未来的研究可以尝试从更加微观的视角进行详细的论述和分析。二是在具体研究社会资本与乡村选举以及社会治理问题时，可以深入挖掘村庄内部宗房结构对选举产生影响的具体过程，从而以更加抽象和高度凝练的方式展现出社会资本的作用机理，并针对可能存在的正方向的效果进行分析。三是在研究方法上，本书的研究只是立足于基层社会调查而得来的数据，而忽视了数据本身的缺陷性。未来的研究可以尝试以案例再现的方式直观地就某一主题展开全方位的解剖和阐释，以便真正地体现社会资本理论与应用研究的价值性。四是在具体的研究内容上，本书统计分析和计量回归的结果显示，村庄范围内传统社会对于乡村产业成长与兴起、村庄治理以及创业行为具有正向作用，但这种作用背后所需要的条件和背景值得进一步地探讨和研究。此外，针对传统社会资本发生作用的条件以及演化发展规律的研究也将会是未来研究的一个重要方面。

第二节 政策含义

第六次人口普查的数据显示，2010 年，我国农村人口比重占 50%以上，还有将近 6.7 亿人口生活在广大的农村地区。至 2012 年底，全国人户分离人口达 2.79 亿，流动人口为 2.36 亿。可以说，改革开放后的中国在工业化、城镇化的快速推进下，发生了翻天覆地的变化。城市和农村已不完全是传统意义上的城市和农村。城市在不断扩大，处于变迁中的农村社会在市场化程度和思想观念上，呈现出复杂多样性，也不再完全是费孝通笔下的“乡土社会”。在这样的发展形势下，区域和城乡不平衡的现实值得引起高度关注。这两大因素一方面导致城乡分割、地域分割、区域分割、阶层分割等问题的出现，另一方面则是打破了原有的社会组织，而新的社会结构和组织又难以在短时间内建立，尤其是过密社会中的人群没有建立起社会所必需的社会联结，这在某种程度上导致城市社会异常涣散，充满了严重的风险和不确定性。户籍制度、公共福利不平等等制度性因素的存在，又使得社会二元分割程度高，城乡间、区域间、城市内部的社会流动性低，加上流动人口市民化进程受到多重阻碍，农村人口城市化进程严重滞后等都导致社会凝聚力、社会信任感急剧下降，更使得传统社会资本存量由于经济社会关系的日益复杂化和不均衡程度的加深严重受损。

此外，我国长期过度注重经济增长的发展战略造成现阶段中国的社会建设滞后于经济建设的严重现实，促使经济上的二元分割延伸蔓延到社会领域，造成了社会凝聚力、社会信任感急剧下降，这些都使得传统社会资本存量由于经济社会关系的日益复杂化和不均衡程度的加深而严重受损。另外，社会保障体系不健全、民生问题凸显、社会组织发展程度低等方面问题，也严重影响了社会资本的长期积累，并最终严重削弱了经济社会全面转型的基础性力量。综观日本、韩国、新加坡等成功跳出"中等收入陷阱"的国家的历史经验以及拉美和南亚诸国长期徘徊在中等收入阶段的历史教训，必须认识到社会资本是一国顺利实现经济社会转型的关键投入要素，是实现经济社会有序转型、成功转型的重要基础，培育新兴社会资本更是避免经济二元结构转向社会二元结构的重要屏障。为此，加强社会资本投资力度是增强我国发展后劲的关键举措，是现阶段中国经济发展必须真正面对的主要难题，需要做好以下几方面的工作。

一、完善社会保障，实现社会和谐稳定

良好的社会保障是稳定人心、加强社会凝聚力的基本条件，也是释放社会消费能力、提升创新能力的有力保障。现阶段，必须着重调整社会利益格局，推进收入分配制度改革，提高劳动收入的报酬水平，重视提升城乡居民特别是农村居民的财产性收入，这是一项十分重要的持续性任务。同时，也要构建覆盖城乡、保基本、促发展的社会保障体系，认识到包括养老、医疗、失业、住房等在内的社会保障体系是否完备，是否能惠及绝大多数人，已经成为促进和谐社会建设的基础性工程。客观上，新时期的社会保障制度改革原则更加注重公平性、适应流动性和保证可持续性，这是应对社会转型时各类矛盾问题突出，消除社会不稳定因素的必要举措，也是构建良好社会风貌，培育基于社会信任、团结等因素的新型社会资本的有效途径。

二、破除分割障碍，实现社会畅通流动

传统社会的城乡二元社会结构特征是城乡差异明显和城乡分隔刚性，当前社会城乡二元社会结构则表现为城乡差异更加明显化和城乡分隔开始弹性化。消除城乡二元社会结构是经济和社会现代化建设的一大重要任务，是实现城市发展、农村改革、社会公平、社会心理平衡和城乡环境改善的有效举措。其中，户籍制度和资源配置制度是城乡二元结构体制的重要表现，户籍制度限制了社会流动的最优化，尤其是向上流动。一个社会如果缺少可上可下的流动，就有可能形成僵化的社会结构，只有顺畅的人口流动才能促进社会结构不断更新，经济快速发展。

三、加强社会参与，推动社会组织建设

大小不同、功能各异的社会组织是现代社会的主要基础，组织成员彼此持相同观念、价值，有效的沟通可以建立迅速传播消息的网络体系，社会组织能够给予成员地位的认同和与其他人联系的机会，使其产生归属感和地位的满足感。社会组织的培育和发展事关社会自治能力的有效提升，是承接政府权力向社会让渡的重要基础。要鼓励城乡居民合理合法地参与各类公共性事务，培育公民自主有序参与公共活动的能力和素质。在具体的实践工作中，需要联动推进社会组织建设、社会参与机制构建与社会参与能力建设，将社会自治功能划归给社会组织，强化社会自治能力建设。同时，也要深刻认识到建立在社会分工基础上的专业化组织和自组织将具有不同能力的人聚合在一起的功能，在规范协调人的活动基础上能更有效地满足人们的多种需要。社会资本范畴的非正式组织在很大程度上是对正式组织的补充，其一方面能缓冲正式关系的压力，另一方面能够维护组织成员合法利益，这为社会资本的产生和积累创造了有利条件。为此，必须认识到非正式组织的形成和构建的意义，为其发展提供良好的制度环境和生长空间。

四、调整和完善政府职能，优化政府在引领社会资本培育方面的功能

政府作为领导社会管理的主体，其对社会资本投入的力度将直接影响

社会资本的培育和兴起。要站在文化发展与社会转型的战略高度和有效传承传统文化的基础上，积极鼓励政府财政和社会资金共同参与传统社会资本的巩固和新兴社会资本的培育，从而逐步过渡到社会管理社会与政府监管社会的双头并举的良好局面。在调整政府职能方面，需认真构建政社分离的新型管理模式，尽快建立和完善与市场经济相适应的社会保障制度，切实保障弱势群体的基本生活权利，维护社会稳定，保证经济社会和谐发展。同时，也要分清职能范围，在一些事务上培养和加强社会自我管理的组织，由社会组织自行管理，如各类行业协会和城乡居民的自治组织以及社会中介组织，可以在社会的自我管理上发挥作用，既在某些事物上发挥社会组织的积极性，依靠社会组织去管理，也反过来从另一个侧面形成社会对政府权力的有效制约机制，以防止政府权力的滥用。

第三节　传统中走向现代复兴

杜维明在《现代精神与儒家传统》一书中指出：面向 21 世纪，传统的生命力不仅没有被消解，反而在现代化的后期、工业文明达到高峰的社会里发挥了非常大的力量。我国作为世界上最古老的农业国之一，在相当长的时间内始终处于农业主导的经济发展以及相应的政治社会架构之中，衍生出了极具本土特色的文明体系[①]，其中一个主要特征就在于其深植于华夏历史传统中的农耕文化。数千年来，经过不断演绎的农耕文化已完全渗透到中国社会的方方面面，对中华优秀传统和价值体系构建起着十分重要的影响，而儒家传统在中华农耕文明体系中则占据十分重要的位置。正如杜维明所认为的一样："儒家传统在中国历史发展的过程中，跟中国社会的经济组织、经济生产方式、社会结构、政治制度发生了有机的联系，这是不能否认也不应忽视的事实。"[②]在儒家传统里面，为人所熟知的是以家中长者为始，以父亲为中心而展开的十字形教化活动。十字的中心是父亲，上方是家庭或者家族当中的长辈；左右是同辈的家族成员，或其他同辈的邻里亲朋；下方则是家庭当中的子女，由此而衍生出了费孝通和梁漱溟笔下的"熟人社会"和伦理本位的差序格局。然而，自晚清以来，随着东西方文明

---

① 虽然新中国成立后在全国范围内开展了诸多政治运动和经济实验，但事实上具有相对根植性的传统因素始终嵌入在中国经济社会的有机体中，并成为经济社会转型发展的约束条件。

② 杜维明：《现代精神与儒家传统》，上海三联书店 2013 年版，第 396 页。

碰撞的加剧，中国社会所经历的变局前所未有，儒家的中心地位开始出现动摇，儒家秩序也面临全新的考验。特别是“五四”以后，对传统的家庭、宗族的批判也是前所未有，“反传统主义达到高峰”[①]。自那之后，虽历经战乱和无数政治运动的冲洗，中国社会仍然以其超长稳定结构的姿态展现在世人面前。[②] 按照刘少杰教授的观点，这个超长稳定的是在体制之外的生活世界，是一个皇权难及的乡村社会，是通过风俗习惯维持的礼俗社会。但在事实上，新中国成立以来特别是实行改革开放政策以后，中国社会的的确确面临了全新的内外发展形势。市场经济的蓬勃兴起和繁荣发展将原本传统的中国人卷入到了繁杂而又有序的市场“机器”中，一股通过理性计算去追求利益最大化之风吹遍了大江南北。一时之间，市场经济以正式制度规定交易行为和交易秩序的基本原则同中国传统社会素来重亲情联系、轻功利追求，重礼俗习惯、轻普遍原则等的思维方式和行为方式发生了较大程度的背离，甚有进入到了一个完全有别于以往的现代社会的趋势中，也似乎到了与传统道别的时候。然而，历史以其无情的事实证明，那个曾经熟悉的传统中国并没有真正离去，中国传统的社会空间依然延续着旺盛的生命力。

本书所聚焦讨论的社会资本主题也是偏重于挖掘传统社会文化因子与当下发展之间的关联，是一个国家或地区发展的“过去时”对于“现代时”以及“未来时”的影响，属于讨论如何在传统中实现复兴或者在传统中走向现代化的范畴。讨论传统并非止于传统，而是在传统中寻求前进的动力，或者找准突破的方向。尤其是在东西方文明相互影响的全球化背景下，冷静而又审慎地处理传统问题十分必要。三纲（君为臣纲、父为子纲、夫为妻纲）、五常（仁、义、礼、智、信）等传统儒家信条从起源层面上讲确实发生于农业时期的宗法社会，在约束人们的行为与思想方面曾产生过极为重大的影响。文化自身所存有的特点是自然淘汰、自然传承，其中一部分便自然而然转化为化石或木乃伊。儒家文化本身蕴含和提倡的“入世”特性使得其具有某种适应外部社会条件变化的自觉能力，或具备一种自我扬弃的能力。此外，儒家并不等同于宗教，并不具有严格的教条或宗旨，能与外部世界建立较为顺畅的互动反馈联系。因此，从这个层面讲，本书所指出的传统社会资本在先前经济社会活动中发挥重要作用的事实并非一成不变。相反，传统社会资本的功能也会因为经济社会实践的变化和外部制度环境

---

① 杜维明：《现代精神与儒家传统》，上海三联书店2013年版，第3页。

② 该观点最初由金观涛、刘青峰于1980年初提出。

的变迁而发生相应的削弱、增强或消亡。现今，我们讨论复兴问题，并非意指回到传统社会去，而恰恰是要在传统中走向现代化意义上的复兴。在砥砺奋进走向现代复兴的道路上，又绝不能仅仅关注经济、政治、文化和社会体制中正式制度的变迁，还要看作为风俗、习惯或习俗的非正式制度对人们思维与行为的限制是否发生了本质变化。正如有学者指出的一样，从礼俗制度或礼俗秩序的改变来观察中国社会，是判断中国社会是否发生转型的根本所在。此时，透过纷繁流变的经济活动去触及和分析潜藏在人们内心深处的文化世界，并进而客观定位自身所属社会的真实状况，无疑是有意义的。

英国著名历史学家汤因比曾说，21 世纪是中国人的世纪。① 而历史学家许卓云则又指出，21 世纪新文化的发展方向是以自然流露代替规律，以认识主观代替假想的客观，以多元代替一元独尊。中国传统丰厚的文化积淀是否能在全球性文化革命中焕发出新的生命力，在于经历过工业时代洗礼的人们的文化选择，也在于以儒家文化为核心的中华文化能否真正实现内在的超越。尤其对于不断放开市场之手的中国而言，把握住留存于人们记忆深处和举手投足间的行为习惯以及人与人互动的方式，无疑是酝酿和制定科学精准政策的重要依据。因此，依照本书的逻辑，我们发展市场经济或走向现代化的过程中，不能不顾其存在的社会基础，而应当在延续传统人文社会基础之上，推动形成市场经济发展与社会基础变迁的协调性，从而确保中国社会在 21 世纪走向现代复兴。

---

① 主要指中国的文化尤其是儒家思想和大乘佛教引领人类走出迷误和苦难，走向和平安定的康庄大道。

参考文献

[1] ACEMOGLU D. Introduction to Modern Economic Growth[M]. Princeton:Princeton University Press, 2008.

[2] ALEXI D. Social Capital Influence on Sustainability of Development [J]. Sustainable Development, 2005, 13(1):25-37.

[3] ANDERSON C L, LOCKER L. Microcredit, Social Capital, and Common Pool Resources[M]. World Development, 2002, 30(1): 95-105.

[4] ANGELO A, LUIGI S P, PAOLO V. Social Capital Accumulation and the Evolution of Social Participation [J]. Journal of Socio-Economics, 2007,36(1): 128-143.

[5] ANHEIER H, GERHARDS J, ROMO F. Forms of Capital and Social Structure in Cultural Fields: Examining Bourdieu's Social Topography[J]. American Journal of Sociology,1996(100):859-903.

[6] ANNEN K. Social Capital, Inclusive Networks, and Economic Performance[J]. Journal of Economic Behavior & Organization, 2003,50(4):449-463.

[7] BALDACCHINO G. The Contribution of "Social Capital" to Economic Growth:Lesson from Island Jurisdictions[J]. The Round Table, 2005,94(1):31-46.

[8] BAO S M,BODVARSSON O B,HOU J W, et al. Interprovincial Migration in China:The Effects of Investment and Migrant Networks [J]. IZA Discussion Paper,2007.

[9] BARRO R. Economic Growth in a Cross-Section of countries[J]. Quarterly Journal of Economics ,1991 (2):106.

[10] BECKER G S. Human Capital: A Theoretical and Empirical Analysis with Special Reference to Education, 3rded[M]. Chicago:

The University of Chicago Press, 1994.

[11] BJORNSKOV C, SVENDSEN G. Measuring Social Capital-Is There a Single Underlying Explanation? [J]. Department of Economics Aarhus School of Business Working Paper ,2003(3):5.

[12] BOURDIEU P. Le Capital Social: Notes Provisoires[J]. Actes de la Recherchéensciences Socials, 1980, 31(1): 2-3.

[13] BOURDIEU P. The Forms of Social Capital, in John G. Richardson (ed.) Handbook of Theory and Research for the Sociology of Education[M]. New York: Greenwood Press,1986.

[14] BRADLEY K. Social Capital in China: An Experimental Approach [J]. Conference papers-American Sociological Association ,2005:1-31.

[15] BRUNETTI A,KISUNKO G, WEDER B. Credibility of Rules and Economic Growth[J]. World Bank Economic Review, 1998, 12 (3):353-384.

[16] BURT, RONALD S. The Social Structure of Competition[M]. Cambridge:Harvard University Press, 1992.

[17] CHOU Y K. Three Simple Models of Social Capital and Economic Growth[J]. Journal of Socio-Economics,2006,35(2):889-912.

[18] CLEAVER F. The Inequality of Social Capital and the Reproduction of Chronicpoverty[J]. World Development,2005,33(6):893-906.

[19] COLEMAN J S. Foundations of Social Theory[M]. Cambridge: Harvard University Press, 1990.

[20] COLEMAN J S. Social Capital in the Creation of Human Capital[J]. American Journal of Sociology, 1988,94(suppl): 95-120.

[21] CRUDELI L. Social Capital and Economic Opportunities[J]. The Journal of Socio-Economics, 2006,35(5):913-927.

[22] DAVID H C, HEATH J A. To Market: Imperial Capitalism's Destruction of Social Capital and the Family[J]. Review of Radical Political Economics, 2001,33(4): 401-414.

[23] EDWARD M, POUL G, DAVID L. Does Social Capital Promote Industrialization? Evidence from a Rapid Industrializer[J]. Review of Economics & Statistics, 2005,87(4):754-762.

[24] FEDDERKE J, KADT R D , LUIZ J. Economic Growth and Social

Capital:A critical Reflection[J]. Theory & Society, 1999, 28(5): 709-745.

[25] FERNANDEZ R, CASTILLA E, MOORE P. Social Capital at Work: Networks and Employment at a Phone Center[J]. American Journal of Sociology,2000,105(5):1288-1314.

[26] FOUNTAIN,JANE. Social Capital: A Key Enabler of Innovation in Science and Technology[M]. Cambridge: The MIT Press,1997.

[27] FREDERKING L C. Is There an Endogenous Relationship between Culture and Economic Development? [J]. Journal of Economic Behavior & Organization, 2002,48(2):105-126.

[28] FRIEDMAN E, PICKOWICZ P G, SELDEN M. Chinese Village, Socialist State[M]. New Haven: Yale University Press, 1993.

[29] FUJITA M. A Monopolistic Competition Model of Spatial Agglomeration: Differentiated Product Approach [J]. Regional Science and Urban Economics ,1988 , 18(1): 87-124.

[30] FUKUYAMA F. Social Capital and Civil Society[J]. IMF Working Paper, 2000,00(74).

[31] GEORGE K. Social Capital and Social Change[J]. British Journal of Sociology, 1996,47(3):2192.

[32] GEREFFI G. International Trade and Industrial Up-grading in the Apparel Commodity Chain[J]. Journal of International Economics, 1999, 48(1):37-70.

[33] GRANOVETTER M. Economic Action and Social Structure: the Problem of Embeddedness [J]. American Journal of Sociology, 1985,91(3):485-510.

[34] GRANOVETTER M. Getting a Job (Revised Edition) [M]. Chicago:University of Chicago Press,1995.

[35] HALPERN D. Moral Values , Social Trust and Inequality: Can Values Explain Crime ? [J]. British Journal Criminology,2001,41(2):236-251.

[36] HAUENSCHILD N. Capital Accumulation in a Stochastic Overlapping Generations Model with Social Security[J]. Journal of Economic Theory, 2002,106(1):201-216.

[37] HOBBS G. What is Social Capital? A Brief Literature Overview[J].

Economic and Social Research Foundation,2000.

[38] HOGAN M J. Social Capital: Potential in Family Social Sciences [J]. Journal of Socio-Economics, 2001,30(2):151-155.

[39] HUMPHREY J, SCHMITZ H. How Does Insertion in Global Value Chains Affect Upgrading in Industrial Clusters[J]. Regional Studies,2002, 36(9):1017-1027.

[40] JEAN O. The Role of the Local State in China's Transition Economy [J]. The China Quarterly, 1995,144(4):1132-1150.

[41] JIMMY S, VICTOR N. Immigrant Self—employment: The Family as Social Capital and The Value of Human Capital[J]. American Sociological Review, 1996,61(2): 231-249.

[42] JOHN F, HELLIWELL. How's Life? Combining Individual and National Variables to Explain Subjective Well-being[J]. Economic Modelling, 2003,20(2):331-360.

[43] KNACK S, KEEFER P. Does Social Capital Have an Economic Payoff ? A Cross-Country Investigation[J]. The Quarterly Journal of Economics ,1997,112(4):1250-1288.

[44] KNACK S, KEEFER P. Institutions and Economic Performance: Cross-Country Tests Using Alternative InstitutionalMeasures[J]. Economics and Politics,2006,7(3):207-227.

[45] KRISHNA A. Understanding, Measuring and Utilizing Social Capital: Clarifying Concepts and Presenting a Field Application from India[J]. Agricultural Systems,2004,82(3): 219-305.

[46] KRUGMANP. Increasing Returns and Economic Geography[J]. Journal of Political Economy, 1991, 99(3):483-499.

[47] LINDA F, CROWELL. Weak Ties: A Mechanism for Helping Women Expand Their Social Networks and Increase Their Capital [J]. The Social Science Journal, 2004,41(1):15-28.

[48] LOCHANER K, KAWACHI I, KENNEDY B P. Social Capital: A Guide to Its Measurement[J]. Health and Place, 1999,5(4): 259-270.

[49] MARSHALL A. Principles of Economics [M]. London: McMillan, 1890.

[50] MARTINEZ, ARGELIA M. Social Accumulation and Enactment in

the Organizational Context: the Case of the Chinese Transitional Economy[M]. Durham: Duke University, 2005.

[51] MASSEY D S. The Social and Economic Origins of Immigration[J]. Annals of American Academy of Social and Political Science, 1990, 510(1):60-72.

[52] MILLER N J. Contributions of Social Capital Theory in Predicting Rural Community Inshopping Behavior [J]. Journal of Socio-Economics, 2001(30):475-493.

[53] MORGAN S, SORENSEN A. Parental Networks, Social Closure, and Mathematics Learning: A Test on Coleman's Social Capital Explanation of School Effects[J]. American Sociological Review. 1999, 64(2):661-81.

[54] NARAYAN D, PRITCHETT L. Cents and Sociability: Household Income and Social Capital in Rural Tanzania[M]. Washington D C: The World Bank,1996.

[55] NEE V. Norms and Networks in Economic and Organization Performance[J]. American Economic Review , 1998 , 88 (2): 85-89.

[56] O'BRIEN M S, BURDSAL C A, MOLGAARD C A. Further Development of an Australian-Based Measure of Social Capital in a US Sample [J]. Social Science & Medicine, 2004, 59 (6): 1207-1217.

[57] OSTROM E. Governing the Commons: The Evolution of Institutions for Collective Action [M]. New York: Cambridge University Press,1990.

[58] PAMELA P. Is Social Capital Declining in the United States? A Multiple Indicator Assessment[J]. American Journal of Sociology, 1999, 105(1): 88-130.

[59] PETRO N N. Creating Social Capital in Russia : The Novgorod Model[J]. World Development , 2001,29(2):229-244.

[60] POLANYI K. The Great Transformation[M]. Boston: Beacon Press, 1944.

[61] POON T. Beyond the Global Production Networks: A Case of Further Upgrading of Taiwan's Information Technology Industry

[J]. Technology and Globalization, 2004, 1(1):130-144.

[62] PORTA R L, LOPEZ-SALANES F, SHLEIFER A. Trust in Large Organization [J]. American Economic Review Papers and Proceedings ,1997 ,87(2):650-659.

[63] PUTNAM R. Making Democracy Work: Civic Traditions in Modern Italy[M]. Princeton: Princeton University Press, 1993.

[64] RALPH M. Parental Involvement as Social Capital: Differential Effectiveness on Science Achievement, Truancy, and Dropping Out [J]. Social Forces, 1999,78(1):117-144.

[65] RANO J C. Beijing Consensus: Notes on the New Physics of Chinese Power[M]. London: Foreign Policy Center ,2004.

[66] RONA-TAS A. The First Shall be Last? Entrepreneurship and Communist Cadres in the Transition from Socialism[J]. American Journal of Sociology, 1994,100(1):40-69.

[67] ROSENAU J N. Governance in the Twenty-first Century[M]// WHITMAN J. Palgrave Advances in Governance. London : Palgrave Macmillan,2009.

[68] SALAMON L M. The New Governance and the Tools of Public Action: An Introduction. In Lester M. Salamon (ed.) The Tools of Government[M]. Oxford : Oxford University Press, 2002.

[69] SHARP J S, SMITH M B. Social Capital and Farming at the Ruralurban Interface: The Importance of Nonfarmer and Farmer Relations[J]. Agricultural Systems, 2003,76(3):913-927.

[70] SJOERD B, TON V S. Social Capital and Growth in European Regions: An empirical Test [J]. European Journal of Political Economy, 2005,21(2):301-324.

[71] SLANGEN L H G, SLANGEN G. KOOTEN G C A, et al. Institutions, Social Capital and Agricultural Change in Central and Eastern Europe[J]. Journal of Rural Studies,2004,20(2):245-256.

[72] SLANGEN L H G, SUCHANEK P, KOOTEN G C V. Trust in Countries in 107 Transition: Empirical Evidence from Agriculture [J]. International Journal of Social Economics, 2003, 30 (10): 1095-1109.

[73] SRIYA L, MICHAEL K, BERNARD T. Social Capital, Economic

Growth and Regional Development[J]. Regional Studies, 2005,39(8):1015-1040.

[74] TEACHMAN J D, PAASCH K, CARVER K. Social Capital and the Generation of Human Capital[J]. Social Forces, 1997,75(4): 1343-1360.

[75] TERRENCE C, KEVIN C. Social Capital and Economic Performance in the American States[J]. Social Science Quarterly, 2005, 86(4): 826-845.

[76] TURNER J H. The Formation of Social Capital. in Partha Dagupta & Ismail Seragelgin (ed.) Social Capital: A Multifaceted Perspective[M]. Washington D C: The World Bank, 1999.

[77] VEGA-REDONDO F. Building up Social Capital in a Changing World[J]. Journal of Economic Dynamics & Control, 2006, 30(11):2305-2338.

[78] WALLIS J, KILLERBY P. Social Economics and Social Capital[J]. International Journal of Social Economics,2004,31(3):239-258.

[79] WILSON W J. The Truly Disadvantaged: The Inner City, The Underclass and Public Policy[M]. Chicago: Chicago University Press, 1987.

[80] WOODHOUSE A. Social Capital and Economic Development in Regional Australia: A Case Study[J]. Journal of Rural Studies, 2006,22(1):83-94.

[81] WOOLCOCK M. Social Capital and Economic Development: Toward a Theoretical Synthesis and Policy Framework[J]. Theory and Society, 1998,27(2): 151-208.

[82] WORLD BANK. The East Asian Miracle: Economic Growth and Public Policy (World Bank Policy Research Report)[M]. Oxford: Oxford University Press, 1993.

[83] XIAO J. Human Capital Development in Shanghai : Lessons and Prospects[J]. International Journal of Educational Development, 2003(23):411-427.

[84] ZAHRA E, SHARE P M, HOSSEIN H S A. Social Capital and the Ways it Affects the Economy[J]. Tahghighat-e-Eghtesadi, 2006, 71(1): 239-295.

[85] ZAK P, KNACK S. Trust and Growth[J]. The Economic Journal , 2001,111(470):295-320.

[86] ZANELLA G. Social Interactions and Economic Behavior [C]// Department of Economics. Siena :University of Siena, 2004.

[87] ZHANG J. Social Security and Endogenous Growth[J]. Journal of Public Economics, 1995(58): 185-213.

[88] ZHANG X B, GUO L. Does Guanxi Matter to Nonfarm Employment? [J]. Journal of Comparative Economics, 2003, 31 (2):315-331.

[89] ZHAO Y H. Labor Migration and Earnings Differences:The Case of Rural China [J]. Economic Development and Cultural Change , 1999, 47 (4):767-782.

[90] ZHAO Y H. Leaving the Countryside: Rural-to-Urban Migration Decisions in China[J]. American Economic Review, 1999, 89: 281-286.

[91] 阿马蒂亚·森. 伦理学与经济学[M]. 王宇,王文玉,译. 北京:商务印书馆,2000.

[92] 奥尔森. 集体行动的逻辑[M]. 陈郁,译. 上海:三联书店,上海人民出版社,1995.

[93] 保建云. 经济转型、制度变迁与转型经济学研究范式及其内容拓展[J]. 教学与研究,2007(8):32-39.

[94] 边燕杰,丘海雄. 企业的社会资本及其功效[J]. 中国社会科学,2000(2): 87-99.

[95] 波特. 国家竞争优势[M]. 北京:华夏出版社,2002.

[96] 波特. 竞争战略[M]. 上海:三联书店,1988.

[97] 伯尔曼. 法律与宗教[M]. 上海:三联书店,1991.

[98] 伯勒斯,基提斯. 社会资本与社区治理[C]//曹荣湘. 走出囚徒困境:社会资本与制度分析. 上海:上海三联出版社,2003.

[99] 布迪厄,华康德. 实践与反思:反思社会学导引[M]. 李猛,李康,译. 北京:中央编译出版社,1992.

[100] 蔡晓陈. 略论社会资本经济学[J]. 国外社会科学,2007(1):29-35.

[101] 曹荣湘. 走出囚徒困境——社会资本与制度分析[M]. 上海:上海三联书店,2003.

[102] 车铭洲,王元明. 现代西方的时代精神[M]. 北京:中国青年出版

社，1988.
[103] 陈华文. 浙江民俗史[M]. 杭州：杭州出版社，2008.
[104] 仇保兴. 小企业集群研究[M]. 上海：复旦大学出版社，1999.
[105] 戴均良. 城乡大转型时期的思考[M]. 北京：中国社会出版社，2006.
[106] 道，汉科，瓦尔特斯. 发展经济学的革命[M]. 黄祖辉，蒋文华，译. 上海：三联书店，上海人民出版社，2000.
[107] 邓伟志. 如何推动社会管理[J]. 学习月刊，2006(14)：6.
[108] 丁元竹. 社会发展管理[M]. 北京：中国经济出版社，2006.
[109] 杜维明. 现代精神与儒家传统[M]. 上海：三联书店，2013.
[110] 杜旭宇. 社会资本与农民增收的关联分析[J]. 经济体制改革，2006(2)：123-126.
[111] 杜鹰. 现阶段中国农村劳动力流动的群体特征与宏观背景分析[J]. 中国农村经济，1997(6)：4-15.
[112] 段庆林. 中国农村家庭经济类型与分工经济研究[J]. 经济学家，2002(5)：72-78.
[113] 段世江，石春玲. 中国农村反贫困：战略评价与视角选择[J]. 河北大学学报(哲学社会科学版)，2004(6)：76-79.
[114] 发展无梭织机研究课题组. 无梭织机制造业发展报告[J]. 经济研究参考，2002(36)：28-38.
[115] 费孝通. 江村经济：中国农民的生活[M]. 北京：商务印书馆，2001.
[116] 费孝通. 乡土中国生育制度[M]. 北京：北京大学出版社，1998.
[117] 冯尔康. 中国宗族社会[M]. 杭州：浙江人民出版社，1994.
[118] 福山. 信任：社会道德与繁荣的创造[M]. 李菀蓉，译. 内蒙古：远方出版社，1995.
[119] 高春芽. 社会资本视域中的集体行动机制变迁[J]. 中共中央党校学报，2008(6)：94-97.
[120] 格鲁特尔特，贝斯特纳尔. 社会资本在发展中的作用[M]. 黄载曦，杜卓君，黄治康，译. 成都：西南财经大学出版社，2004.
[121] 郭少新，何练成. 社会资本：解释经济增长的一种新思路[J]. 财贸经济，2004(2)：7-10.
[122] 哈耶克. 经济、科学与政治：哈耶克思想精粹[M]. 冯克利，译. 南京：江苏人民出版社，2000.
[123] 贺雪峰. 论半熟人社会——理解村委会选举的一个视角[J]. 政治学研究，2000(3)：61-69.

[124] 何增科.中国社会管理体制改革路线图[M].北京:国家行政学院出版社,2009.

[125] 侯岩.推进社会管理体制创新[J].中国经贸导刊,2005(4):17-18.

[126] 黄洁,蔡根女.农村微型企业:创业者社会资本与初创企业绩效[J].中国农村经济,2010(5):65-73.

[127] 季卫东.法制秩序的建构[M].北京:中国政法大学出版社,1999.

[128] 金祥荣,柯荣住.对专业市场的一种交易费用经济学解释[J].经济研究,1997(4):74-79.

[129] 金祥荣,朱希伟.专业化产业区的起源与演化——一个历史与理论视角的考察[J].经济研究,2002(8):74-82.

[130] 科斯,阿尔钦,诺斯.财产权利与制度变迁——产权学派与新制度学派译文集[C].上海:三联书店,上海人民出版社,1991.

[131] 柯武刚,史漫飞.制度经济学:社会秩序与公共政策[M].北京:商务印书馆,2000.

[132] 科尔曼.社会理论的基础[M].邓方,译.北京:社会科学出版社,1992.

[133] 克兰.无形学院[M].刘珺珺,顾昕,王德禄,译.北京:华夏出版社,1988.

[134] 李惠斌,杨雪冬.社会资本与社会发展[M].北京:社会科学文献出版社,2000.

[135] 李连江,熊景明.中国大陆村级组织建设研讨会综述[C]//香港中文大学大学服务中心.中国大陆村级组织建设研讨会,1998.

[136] 李培林.流动民工的社会网络和社会地位[J].社会学研究,1996(4):42-52.

[137] 李伟中.南京国民政府的保甲制新探:20世纪三四十年代中国乡村制度的变迁[J].社会科学研究,2002(4):119-123.

[138] 厉无畏,王慧敏.产业发展的趋势研判与理性思考[J].中国工业经济,2002(4):5-12.

[139] 梁琦.产业集聚论[M].北京:商务印书馆,2004.

[140] 梁漱溟.中国文化要义[M].上海:上海人民出版社,2011.

[141] 梁漱溟.乡村建设理论[M].上海:上海人民出版社,2011.

[142] 林南.社会资本——关于社会结构与行动的理论[M].上海:上海人民出版社,2005.

[143] 刘仁军.关系契约与企业网络转型[J].中国工业经济,2006(6):

91-98.
[144] 刘少杰. 中国市场交易秩序的社会基础:兼评中国社会是陌生社会还是熟悉社会[J]. 社会学评论,2014(2):28-34
[145] 刘少杰. 陌生关系熟悉化:优化市场交易秩序的本土化选择[J]. 福建论坛(人文社会科学版),2014(4):160-167.
[146] 刘少杰. 当代中国社会转型的实质与缺失[J]. 学习与探索,2014(9):33-39.
[147] 刘亚伟,袁方成,柳红霞,等. 渐进式民主:中国县乡的直接选举[C]. 村民自治进程中的乡村关系学术研讨会,2001.
[148] 卢燕平. 社会资本与金融发展的实证研究[J]. 统计研究,2005(8):30-34.
[149] 卢曼. 信任:一个社会复杂性的简化机制[M]. 瞿铁鹏,李强,译. 上海:上海世纪出版集团,2005.
[150] 陆铭. 玻璃幕墙下的劳动力流动——制度约束、社会互动与滞后的城市化[J]. 南方经济,2011(6):23-37.
[151] 罗党论,唐清泉. 政治关系、社会资本与政策资源获取:来自中国民营上市公司的经验证据[J]. 世界经济,2009(7):84-96.
[152] 马光荣,杨恩艳. 社会网络、非正规金融与创业[J]. 经济研究,2011(3):83-94.
[153] 牛喜霞,谢树芳. 新农村建设:重建农村社会资本的路径选择[J]. 江西社会科学,2006(11):132-136.
[154] 诺思,托马斯. 西方世界的兴起[M]. 厉以平,蔡磊,译. 北京:华夏出版社,1999.
[155] 诺思. 制度、制度变迁与经济绩效[M]. 上海:格致出版社,2008.
[156] 裴志军. 村域社会资本:界定、维度及测量——基于浙江西部37个村落的实证研究[J]. 农村经济,2010(6):92-96.
[157] 彭玉生. 当正式制度与非正式规范发生冲突:计划生育与宗族网络[J]. 社会,2009(1):37-65.
[158] 钱穆. 现代中国学术论衡[M]. 长沙:岳麓书社,1986.
[159] 冉绵惠. 民国时期保甲制度研究[M]. 成都:四川大学出版社,2005.
[160] 阮云星,张婧. 村民自治的内源性组织资源何以可能?——浙东"刘老会"个案的政治人类学研究[J]. 社会学研究,2009(3):112-138.
[161] 沈延生. 村政的兴衰与重建[J]. 战略与管理,1998(6):1-34.
[162] 盛世豪. "浙江现象"产业集群与区域经济发展[M]. 北京:清华大学

出版社,2004.
[163] 世界银行.2000—2001世界发展报告:与贫困作斗争[M].北京:中国财政经济出版社,2001.
[164] 孙秀林.华南的村治与宗族:一个功能主义的分析路径[J].社会学研究,2011(1):133-166.
[165] 汪丁丁.资本概念的三个基本维度——及资本人格的个性化演变路径[J].哲学研究,2006(10):22-26.
[166] 汪行福.走出时代的困境——哈马贝斯对现代化的反思[M].上海:上海社会科学院出版社,2000.
[167] 汪红梅.我国农村社会资本变迁的经济分析[D].武汉:华中科技大学,2008.
[168] 王沪宁.当代中国村落家族文化[M].上海:上海人民出版社,1991.
[169] 王华.中国社会资本的重构[J].天津社会科学,2004(5):68-72.
[170] 王缉慈,等.创新的空间:企业集群与区域发展[M].北京:北京大学出版社,2001.
[171] 王先庆.产业扩张[M].广州:广东经济出版社,1998.
[172] 王小明.社会资本的经济学分析[D].上海:复旦大学,2008.
[173] 王燕.农户社会资本的测度、影响因素与增收效应研究[D].成都:西南财经大学,2007.
[174] 韦伯.中国的宗教:儒教与道教[M].台北:远流出版事业股份有限公司,1989.
[175] 韦森.社会制序的经济分析导论[M].上海:三联书店,2001.
[176] 肖唐镖."三农"问题困扰下的中国乡村治理[J].战略与管理,2003(4):98-104.
[177] 肖唐镖.乡村治理中宗族与村民的互动关系分析[J].社会科学研究,2008(6):91-96.
[178] 肖唐镖.宗族在重建抑或瓦解——当前中国乡村地区的宗族重建状况分析[J].华中师范大学学报(人文社科版),2011(3):31-37.
[179] 杨雪冬.社会变革中的政府责任:中国的经验[J].中国人民大学学报,2009(1):55-64.
[180] 姚先国,赖普清.中国劳资关系的城乡户籍差异[J].经济研究,2004(7):82-90.
[181] 俞可平.治理与善治[M].北京:中央编译局出版社,2002.
[182] 袁伟时.文化与中国转型[M].杭州:浙江大学出版社,2012.

[183] 詹姆斯·罗西瑙.没有政府的治理[M].南昌:江西人民出版社,2001.
[184] 张广修.村规民约论[M].武汉:武汉大学出版社,2002.
[185] 张明.城乡一体化与社会管理体制改革——以江苏省苏州市为例[J].苏州大学学报(哲社版),2010(6):1-5.
[186] 张其仔.社会资本论:社会资本与经济增长[M].北京:社会科学文献出版社,2002.
[187] 张青,崔运强.社会资本:我国农村公共物品供给的一个分析视角[J].山东省农业管理干部学院学报,2006(2):45-46.
[188] 张维迎.博弈论与信息经济学[M].上海:三联书店,上海人民出版社,1999.
[189] 张维迎.产权、政府与信誉[M].北京:三联书店,2001.
[190] 张宇燕.经济发展与制度选择[M].北京:中国人民大学出版社,1992.
[191] 张智勇.社会资本与农民工就业[J].经济社会体制比较,2007(6):123-127.
[192] 章元,李锐,王后,等.社会网络与工资水平——基于农民工样本的实证分析[J].世界经济文汇,2008(6):73-84.
[193] 章元,陆铭.社会网络是否有助于提高农民工的工资水平?[J].管理世界,2009(3):45-54.
[194] 赵延东,风笑天.社会资本、人力资本与下岗职工的再就业[J].上海社会科学院学术季刊,2002(2):138-146.
[195] 赵延东,罗家德.如何测量社会资本:一个经验研究综述[J].国外社会科学,2005(2):18-24.
[196] 赵延东."社会资本"理论述评[J].国外社会科学,1998(3):19-22.
[197] 浙江区域经济与社会发展研究会.浙江区域经济发展报告2009—2010[M].杭州:浙江教育出版社,2011.
[198] 郑传贵.社会资本在社会治理中的推动作用[J].理论建设,2007(3):35-37.
[199] 郑也夫.走向杀熟之路——对一种反传统历史过程的社会学分析[J].学术界,2001(1):58-76.
[200] 郑勇军,等.解读"市场大省"——浙江专业市场现象研究[M].杭州:浙江大学出版社,2003.
[201] 郑雨兰.社会资本测量问题初探[J].经济研究导刊,2007(12):

19-20.

[202] 中共浙江省委政策研究室课题组.浙江省块状经济发展报告[M]//浙江省区域经济与社会发展研究会.浙江区域经济发展报告 2006.北京:中国财政经济出版社,2006.

[203] 中共浙江省委政策研究室课题组.浙江区域块状经济发展报告[M]//浙江省区域经济与社会发展研究会.浙江区域经济发展报告 2002.北京:中国计划出版社,2002.

[204] 周红云.社会资本及其在中国的研究与应用[J].经济社会体制比较,2004(3):135-144.

[205] 朱家桢,厉以平,叶坦.东亚经济社会思想与现代化[M].太原:山西经济出版社,1994.

[206] 朱希伟.企业空间集聚与地区专业化[D].杭州:浙江大学,2005.

[207] 邹宜斌.社会资本:理论与实证研究文献综述[J].经济评论,2005(6):121-126.

后　记

转眼间，博士毕业已至第四个年头。当年“苦心孤诣”“消得人憔悴”而如今回望之却依然显得甚为浅陋的博士论文，在修改完善的基础上，迎来了正式出版的机会。遗憾的是，曾经一度心心念念的“社会资本”问题研究在博士毕业后却并未得到很好的延续，笔者对此也是甚为“惶恐忐忑”。然而，至今我一直坚信，在经济发展进入新常态后，关注并研究“准经济”或“非经济”问题，对于重拾发展的机遇具有重要的现实意义和深远的历史意义，尤其对于一个具有悠久历史记忆和丰厚人文积淀的国度而言，加强对现代化进程中传统因素的解析和阐释，无疑有助于打开通向复兴之路的大门。正是基于此种考虑，在前辈、导师和同窗好友的支持下，我进行了初步的尝试。“初”则难免于“粗”，故借此次由“文”到“书”机会，抛砖引玉，希望赢得更多同好者的共同勉励。

正如博士论文中的致谢一样，本书的出版也依然要感谢曾经耕耘于和现在还依然耕耘于西北兰州的朱秀兰、白建明、马福国、李亚平、郜宏臻等各位老师，没有你们的支持鼓励，我的人生轨迹里将少了这本书背后的故事。感谢我的导师金祥荣老师，没有您的悉心指导和包容教诲，我这个纯文科出身的学生，不可能在经济学这条路上走得这般顺利。感谢我的师傅顾益康老师，您的渊博知识，一生难释的“三农”情怀，以及对弟子的谆谆教诲，让我一生受益。感谢给我论文提供最初想法并鼓励我做下去的陆铭老师，没有当年玉泉校区永谦广场前一湾清水旁的长谈，就没有我与社会资本结缘的机会。感谢朱希伟老师、汪淼军老师在我论文写作过程中的指导、鼓励和帮忙，没有你们，当年博士论文的写作将会布满更多的艰辛。感谢黄祖辉、黄先海、肖文、曹正汉、潘士远、叶建亮以及罗德明等老师在论文开题、预答辩以及答辩等过程中的支持。感谢史晋川、张旭昆、罗卫东、姚先国、蒋岳祥、何樟勇等各位任课老师的教诲。

本书的顺利出版，还要感谢浙江省新型城市化研究会杨树荫会长的推荐，感谢浙江省发展规划研究院黄勇、傅金龙、朱李鸣、潘毅刚等领导与同事的鼓励。在具体的修改完善过程中，浙江工商大学于蔚博士、浙江财经大学莫玮俏博士、浙江省发改委宏观经济研究所陶永亮博士和中共浙江省委党校徐东涛老师提出了诸多宝贵意见，使得整个书稿更加严谨细致，在此也致以诚挚谢意。本书作为一项初探性的研究成果，出于个人学识和能力的有限，不足与纰漏在所难免，在此申明，所有文责自负。同时，我也借此书出版之机，督促和勉励自己“不忘初心”，继续关注“社会资本”主题。

最后，谨以此书献给我敬爱的父母。

张伟明
2016年1月于浙江杭州